JN434884

The Benefits of South-North Korean Economic Integration and the Role of the Unified Korean Peninsula

남북한 경제통합의 혜택과 한반도 통일 국가의 역할

The Benefits of South-North Korean Economic Integration and the Role of the Unified Korean Peninsula

남북한 경제통합의 혜택과 한반도 통일 국가의 역할

| 강문성 · 이종화 · 편주현 지음 |

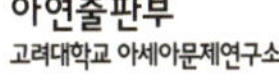

Table of Contents

Preface 12

Executive Summary 14

CHAPTER 1 Introduction 31

CHAPTER 2 Net benefits of economic integration between South and North Korea 39

CHAPTER 3 Trade integration between South and North Korea 111

CHAPTER 4 Economic benefits of resolving conflicts between South and North Korea 136

CHAPTER 5 Benefits for young generation of economic integration between South and North Korea 147

CHAPTER 6 United Korea in the Northeast Asia 159

CHAPTER 7 Conclusion 193

References 199

Abstract 204

| 차 례 |

아연동북아총서 발간에 부쳐 10

책을 내며 12

책의 요약 14

1장 서론 31

1. 연구 배경과 필요성 31
2. 연구 범위와 남북한 경제통합의 특수성 34
3. 연구 방법, 가정과 시나리오 36

2장 한반도 경제통합의 혜택 추정 39

1. 통일 비용과 혜택의 정의와 기존 연구 결과 41
2. 남북한 경제통합의 시나리오 48
3. 경제통합 모형의 설정과 순 혜택 추정 54

3장 남북한 무역통합의 효과 111

1. 남북한 무역통합의 가능성 112
2. 남북한 경제통합에 따른 남북한 무역의 추정 117
3. 남북한 경제통합과 북한의 다자 무역 확대 132

4장 한반도 평화와 전쟁 방지의 경제적 혜택 136

1. 전쟁 위험 해소가 무역과 해외 직접투자(FDI)에 미치는 영향 137
2. 전쟁 위험 해소가 남한의 실물시장에 미치는 영향 142
3. 전쟁 위험 해소가 남한의 금융시장에 미치는 영향 144

5장 남북한 경제통합의 청년 세대에 대한 경제적 혜택 147

1. 배경 및 연구 범위 147
2. 남북한 통일에 대한 인식 및 여론조사 결과 148
3. 군 복무 형태의 변화에 따른 혜택 151
4. 취업 및 창업 기회의 확대에 따른 혜택 154
5. 기타 혜택 156

6장 동북아시아 경제통합에서의 통일 한국의 역할 159

1. 국가별 기존 사례 및 시사점 160
2. 남북한 포괄적 경제통합협정을 통한 점진적 경제통합 166
3. 북한 경제특구와 남한의 FTA 네트워크 연계 179
4. 동북아시아 경제통합에서의 통일 한국의 역할 185

7장 결론 193

1. 본 연구의 주요 결과 193
2. 본 연구의 의미 및 향후 연구 방향 197

참고문헌 199
영문 초록 204

| 표 차례 |

표 2-1 2015년의 남북한 경제 현황 56
표 2-2 북한의 명목 GNI와 실질 GDP, 실질 경제성장률 변화 추이 60
표 2-3 남북한의 인구통계(1950~2050년) 62
표 2-4 남북한 인구와 노동력 추계 63
표 2-5 시나리오별 남한의 경제성장률 비교 83
표 2-6 시나리오별 북한의 경제성장률 비교 86
표 2-7 2050년의 남북한 GDP와 1인당 GDP의 남북한 간 격차 비교 88
표 2-8 시나리오별 남북한 경제통합의 혜택 추계 97
표 2-9 시나리오별 통일 비용의 추정(2015년 기준 가격) 102
표 2-10 남한으로부터 소득을 이전 받지 않는 경우 104
표 2-11 남한으로부터 소득 보전 시나리오 A1의 수준으로 소득을 이전 받는 경우 105
표 2-12 남한으로부터 소득 보전 시나리오 B의 수준으로 소득을 이전 받는 경우 106
표 3-1 모형 (1)과 모형 (2)의 추정 결과 비교 122
표 4-1 전쟁 위험 해소에 따른 국가 신용도 상승이 가져 오는 외채 이자 부담 경감 146
표 5-1 동·서독과 통일 독일의 군사 관련 자료 비교(1993년 가격 기준) 152
표 6-1 중국-대만 간 ECFA 상품 분야 조기 자유화 프로그램 163
표 6-2 경제통합의 유형과 남북한 포괄적 경제통합협정 167
표 6-3 남북한 포괄적 경제통합협정의 단계별 추진 내용 169
표 6-4 '남북한 경제통합위원회' 산하 소위원회별 담당 업무(안) 178
표 6-5 개성공단 주요 현황(2014년 1월 현재) 180
표 6-6 남한의 FTA 네트워크 현황(2014년 2월 현재) 182
표 6-7 동북아시아의 지역 무역협정 논의(2014년 2월 현재) 191

| 그림 차례 |

그림 2-1 통일 혜택의 분류 46

그림 2-2 북한의 GNI, 실질 GDP와 경제성장률, 1990~2012 61

그림 2-3 남북한의 인구와 노동력 추정치, 2010~2060 64

그림 2-4 남한의 GDP 성장 경로(2005년 기준 가격) 74

그림 2-5 남한의 1인당 GDP 성장 경로(2005년 기준 가격) 75

그림 2-6 북한의 GDP 성장 경로 비교(2005년 기준 가격) 76

그림 2-7 북한의 1인당 GDP 성장 경로(2005년 기준 가격) 77

그림 2-8 국방 인력 감축 시의 남북한 노동력 비교 78

그림 2-9 시나리오별 남한의 GDP 추이 비교(2015년 기준 가격) 84

그림 2-10 시나리오별 남한의 1인당 GDP 추이 비교(2015년 기준 가격) 84

그림 2-11 시나리오별 북한의 GDP 비교(2015년 기준 가격) 87

그림 2-12 시나리오별 북한의 1인당 GDP 비교(2015년 기준 가격) 87

그림 2-13 현재의 대립 시나리오와 경제통합의 시나리오별 남북한 성장 경로 비교 89~92

그림 2-14 2050년 GDP의 국제 비교: 현상유지와 북한의 개혁·개방 및 경제통합 시나리오 94

그림 2-15 남북한 경제통합의 누적 혜택과 비용 108

그림 3-1 중국 대만의 무역 변화 114

그림 3-2 남한 북한의 무역 현황 115

그림 3-3 시나리오에 따른 남북한 무역 규모의 추정(2005년 기준 가격) 126

그림 3-4 남한의 산업 구조(국내총생산 대비) 128

그림 3-5 북한의 산업 구조(국내총생산 대비) 129

그림 3-6 남북한 석탄 및 철광석 생산량 130

그림 3-7 북한의 대미 무역 변화 추정(2005년 기준 가격) 133

그림 3-8 북한의 대중 무역 변화 추정(2005년 기준 가격) 134

그림 3-9 북한의 대일 무역 변화 추정(2005년 기준 가격) 135

그림 4-1 영국-아르헨티나의 포클랜드 전쟁과 양자 무역 138

그림 4-2 중국-인도의 영토 분쟁과 양자 무역 139

그림 4-3 전쟁 해소 시와 전쟁 위험 상존 시 무역량의 차이(2005년 기준 가격) 142

아연동북아총서 발간에 부쳐

탈냉전 이후 동아시아의 역동적 발전은 역내의 정치-외교, 경제 질서뿐만 아니라 문화, 사상, 종교 등의 제 영역에서 새로운 변화를 추동하고 있다. 이런 변화는 일국적 차원의 고찰로는 해명될 수 없는 복잡하고도 민감한 초국가적(transnational) 현상을 낳고 있다. 특히 동북아시아는 지리적 인접성, 공통의 역사-문화적 경험, 협력과 공존의 필요성 등으로부터 연유하는 초국가적 사고와 움직임이 활성화되고 있다. 이런 동북아에 대한 이해를 심화, 확대하고 새로운 해석과 전망을 제공하기 위해서는 국가별 연구나 학문 분과의 분절적 연구를 넘어 동북아시아를 분석의 단위로 삼는 다학문적·학제적 연구가 요청된다.

동북아시아 연구가 갖는 실천적 의미는 매우 중요하다. 주지하듯이 동북아시아는 세계의 어느 지역보다도 급속한 변화와 발전상을 보여 주고 있음에도 불구하고, 여전히 근대성의 문제와 냉전의 구도에 얽매여 있는 곳이다. 20세기 전반기의 제국주의 침략과 식민 경험은 오늘에도 국가적·민중적 기억을 지배하고 있다. 냉전의 산물인 남북 분단과 북한의 핵 위협은 동북아시아의 커다란 불안 요소가 되고 있다. 국가 간 역사 및 영토 분쟁 또한 동북아의 평화로운 발전에 장애로 남아 있다. 그러나 우리는 불편한 역사적 경험과 현재의 불안정이 다른 한편으로 동북아시아의 여러 구성 요소들을 상호 긴밀히 연결시키고, 그로부터 문제 해결을 위한 공통의 기반이 마련될 수 있음에 주목한다. 동북아시아는 대립과 갈등의 무대이기도 하지만 평화와 공존의 모색을 위한 토대이기도 하다. 이제 동북아 연구는 동북아가 처한 현실을 객관적으로 진단하고, 평화로운 미래를 건설하는 시대의 요청에 부응하지 않으면 안 된다.

고려대학교 아세아문제연구소(이하 아연)는 대표적인 동북아시아 지역 종합 연구소로서 학제 간 연구를 통한 동북아 지역 연구를 이끌어 왔다. 1957년 설립된 이래 아연은 구한국 외교문서와 공산권 연구 총서 및 동아시아 연구 총서, 중국 연구 총서, 한일 공동 연구 총서, 민주주의 총서 등 연구 성과의 체계적 집성을 통해 학문적 차원에서 현실을 진단하고 바람직한 미래의 방향을 전망하는 대학 연구소의 역할을 충실히 수행해 왔다. 2008년부터는 한국연구재단의 '인문 한국'(HK) 사업 해외지역학 분야의 지원 기관으로 선정되어, '동북아시아의 초국가적 공간: 사상·사회·문화·제도의 교류와 재구성'이라는 연구 어젠다를 중심으로 10년 기간의 대규모 프로젝트를 진행하고 있다. 이제 아연은 지난 50여 년 동안 축적된 연구 경험과 현재 진행 중인 '인문 한국' 사업의 성과, 각종 동북아 지역 연구 지원, 국내외 소장 학자 교류 지원 프로그램 등을 기반으로 해 〈아연동북아총서〉를 발간한다. 이 총서의 성과가 동북아 공동의 문제를 해결하고 조율하며 바람직한 미래를 모색하는 장이 될 수 있기를 기대하면서, 관심 있는 분들의 격려와 질정을 바란다.

아세아문제연구소장 이종화

책을 내며

고려대학교 아세아문제연구소는 지난 2013년 9월 '아시아협력센터'를 설립하고 남북한 경제통합을 포함한 아시아 경제협력 연구를 강화해 왔다. 아시아협력센터는 남북한을 포함한 아시아 지역의 정치, 경제, 사회, 문화 등의 협력과 관련한 이슈를 인문학과 사회과학의 경계를 넘는 학제 간 공동 연구를 통해 종합적이고 심층적으로 분석하기 위해 설립되었다. 특히 남북한 경제통합을 주요 연구 주제의 하나로 설정하고 관련 연구 역량을 강화해 왔다.

이와 같은 연구 역량 강화의 일환으로 국내외 저명인사를 초청하여 'ARI 아시아 협력 세미나'를 정기적으로 개최해 왔고, 세미나에 고려대 교수들을 비롯해 남북한 경제통합에 관심을 갖고 계신 많은 외부 연구자들도 적극 참여해 주셨다.

본 보고서의 일부 내용은 아세아문제연구소를 포함한 10여 개 연구기관과 조선일보가 공동으로 기획한 '통일이 미래다'라는 프로젝트의 일부분으로 이미 소개된 바가 있다.

최근 우리 사회에서 통일에 대한 관심이 높아지고 있다. 이러한 관심을 통일에 대한 열망으로 이어가 남과 북이 하나가 되는 과정에서 본 연구의 결과가 적극적으로 활용될 수 있기를 바란다.

또한 이 글을 빌려 북한 관련 자료를 소개 및 제공해 주신 한국개발연구원의 고일동 박사님, 초고를 검토해 주신 고려대 경제학과 신관호 교수님, 그리고 아세아문제연구소의 세미나에 참석하셔서 좋은 조언을 해주신 여러 교수님들께 깊은 감사의 뜻을 전하고 싶다. 북한 관련 자료를 수집하고 정리하고 각종 비용 및 편익을 계산한 이한백 조교에게도 고마움을 전한다. 이 보고서가 독자 여러분이 남북한 경제통합의 편익을 이해하고 통일 문제에 관심을 갖는 데 도움이 되길 희망한다.

2014년 4월

아세아문제연구소장 이종화

책의 요약

한국전쟁 이후 한반도가 대한민국과 조선민주주의인민공화국으로 분단되어 약 60년이 지난 지금도 우리 국민들은 통일에 대한 열망이 높고 통일의 당위성 및 필요성에 공감하고 있는 것으로 여러 설문조사 결과 나타났다.

반면, 통일에 대한 부정적 인식 역시 큰 것으로 나타나는데 이는 통일비용 부담에 대한 우려에서 기인한다고 볼 수 있다. 독일의 통일 경험 및 각종 연구 결과에 따라 통일의 혜택보다는 비용 부담이 너무 강조되어 통일에 대한 부정적 시각이 확산되었기 때문이다. 이에 따라 남북통일의 혜택과 비용에 대한 보다 종합적이고 전문적인 연구가 필요한 실정이다.

본 연구는 통일로 얻을 수 있는 순 혜택(또는 편익)에 대해 초점을 두고 경제성장 모형을 이용하여 북한 경제가 개혁·개방 정책을 단행하고 남북한 경제가 점진적으로 통합될 경우 남북 경제통합의 혜택과 통일에 따른 비용을 추정하였다. 또한 경제통합에 따른 남북한 무역 규모 변화를 추정하였고, 한반도 평화와 전쟁 방지의 경제적 혜택 역시 분석하였다.

이런 남북 경제적 통합의 순 혜택 분석을 바탕으로 남북한 경제의 '완전한 통합' 이전 과도기적인 형태로 남북한 '포괄적 경제통합협정'을 제안하며, 경제통합을 위한 제도적 기반을 제시하였다.

한반도 경제통합의 혜택 추정

제2장에서는 2015년부터 2024년까지 10년간 남북한의 경제적 통합이 점진적으로 이루어지고 2025년에 통일이 되는 시나리오를 설정하여 남북한의 경제적 혜택(또는 편익)의 크기를 계산하였다. 분석 대상 기간은 2015년부터 2050년까지 35년간으로 하였다.

본 연구는 기존의 연구와 달리 통합의 경제적 편익을 남한, 북한뿐만 아니라 남북한을 포함하는 한반도 전체의 편익으로 구분하여 논의하였다. 또한 통일에 따르는 경제적 비용 역시 따로 계산하여 최종적으로 통합/통일의 순 혜택을 계산하였다.

우선 통합의 혜택을 분석함에 있어서 남한과 북한의 경제통합으로 인한 편익의 향유 주체가 통일 한국의 모든 국민이 될 수 있도록, 한반도 전체의 순 편익 도출에 초점을 두었다. 통일 이전 남북 경제협력 시기에는 남한과 북한의 개별적인 혜택에 대한 논의가 의미가 있으나, 통일 이후에 남과 북을 나누어 통일의 혜택을 계산하는 것은 사실상 의미가 없기 때문이다.

분석 결과, 남북한의 경제적 통합이 가져 올 한반도의 혜택은 35년간 총 4,900조 원에 이를 것으로 예측된다. 현재와 같은 분단체제가 지속될 경우, 남한의 경제 규모는 2050년 세계 10위에 머무는 반면, 남북 경제적 통합은 통일 한국이 일본, 러시아, 영국을 제치고 2050년 경제 규모 세계 7위의 강대국으로 성장할 수 있도록 하여, 'G7' 국가로 도약하는 발판을 마련해 줄 것으로 기대된다. 또한, 남북 경제적 통합이 완전한 남북통일로 이루어지지 않더라도, 여전히 북한에 35년간 최소 570조 원에 달하는 경제적 편익을 제공함으로써, 남북 간 소득 격차를 2015년 기준 31배에서 12배로 크게 줄이는 효과를 가져 올 것으로 분석하였다.

북한이 개혁·개방을 하지 않고 남북한 간의 대립이 지속되는 분단 시나리오(A)와 북한의 개혁·개방 및 통합 시나리오(B)를 비교하여 분석한 결과, 이러한 통합의 혜택이 실현되기 위해서는 북한의 개혁·개방 및 남북한 간의 경제협력과 교역 확대가 이루어져야 한다는 결론을 얻게 되었다. 그리고 경제통합의 과정에서 국방 인력과 국방비를 점진적으로 감축하는 것이 필요함을 확인하였다.

북한과의 분단 상태가 유지될 경우(시나리오 A), 2050년 북한의 GDP는 57.7조 원(2010년 기준 가격)으로 남한의 1970년 경제 규모와 비슷한 수준에 머물 것으로 추정되며, 2050년 북한의 1인당 GDP는 213만 원 수준으로 이 역시 남한의 1970년의 소득 수준과 비슷할 것으로 예상된다. 교류 없이 분단을 유지할 경우, 추후 35년의 시간이 흘러도 북한 경제는 오늘날 남한의 30년 전 과거보다 후진적인 경제 수준에 머물 수밖에 없는 것이다. 북한은 분단 유지 시 35년간 평균 2.09%의 성장률을 보일 것으로 예측되며, 남한은 분단 시에 35년간 평균 2.90%의 성장률을 통해 2050년 3,355.7조 원 규모의 GDP와 6,576만 원 수준의 1인당 국민소득에 이르게 될 것으로 예측된다.

북한이 개혁·개방을 통해 남한과 경제적 통합을 이루어 나간다면(시나리오 B), 기본적으로 ① 북한 투자율 상승, ② 북한 기술 진보 속도의 향상, ③ 인적 자본 축적 속도 향상과 같은 효과가 나타날 것으로 예상되며 이러한 경제적 효과들은 북한의 경제성장률을 연평균 4.81%까지 끌어 올리고, 총 570조 원 수준의 편익을 가져다 줄 것으로 예측된다.

북한의 개방을 통한 남북 경제통합 시나리오를 바탕으로 구체적인 요소를 추가한 세부 시나리오를 설정하여 분석하였다. 남북 경제통합 시, 국방 인력과 국방비를 점진적으로 감축하는 경우(시나리오 B1), 감축된 국방 인력은 생산 부분 가담을 통해 남한과 북한에서 전체 노동력을 각각 1.5%포인트와 7.6%포인트만큼 점진적으로 증가시키고, 삭감된 국방비는 저축률을 각각 1%포인트와 10%포인트만큼 점진적으로 높일 것으로 예상된다. 이 경우, 남한의 편익은 2,800조 원에 달하고, 북한의 편익은 808조 원에 달할 것으로 예측된다.

또한 경제통합 시 남북이 개성공단과 같은 협력 사업을 점진적으로 늘려 나가는 경우(시나리오 B2), 매년 15만 명 규모의 공단이 2025년 통일까지 1개씩 증설되는 것과 같은 효과가 발생하며, 남북한에 총 1,758조 원의 편익을 줄 것으로 예상된다. 특히, 협력 사업은 북한에는 총 804조 원 규모의 경제적 편익을 발생시키고, 북한 경제 내에서 2050년 GDP의 22.3%가

협력 사업을 통해 나올 정도로 중요한 경제 부분이 될 것이다.

경제통합과 더불어 남북한이 교역을 확대해 나가는 경우(시나리오 B3), 기술력을 바탕으로 한 남한의 상품들과 북한의 광공업, 제조업, 농업 부문 사이의 교류 확대는 한반도 경제에 총 731조 원의 편익을 발생시킬 것으로 예상된다. 특히, 북한 경제의 기술 진보를 앞당겨 북한에 661조 원 수준의 편익을 가져다 줄 것으로 분석된다.

독일의 통일 사례를 비추어 볼 때, 본 연구가 제시한 북한의 개혁·개방 시나리오와 세 가지 경제통합의 시나리오는 현실에서 복합적으로 전개(B123)될 것이다. 남북 경제통합 시나리오(B123)는 한반도에 35년간 총 4,900조 원에 이르는 경제적 편익을 발생시킬 것으로 보이며, 남한과 북한에 각각 3,800조 원, 1,100조 원 수준의 경제적 혜택을 가져 올 것으로 예측된다. 또한, 남북한 GDP 격차가 약 60배에서 17배 수준으로 줄어들고, 남북한 1인당 GDP 격차가 약 30배에서 약 8배 수준으로 줄어들 것으로 예측된다. 이 경우 남한의 경제성장률은 35년간 연평균 3.22% 수준에 도달하게 되고, 북한은 연평균 6.19%의 빠른 경제성장률을 달성할 것으로 예측된다.

본 연구에서는 통일 비용을 분석함에 있어, 통일 시에 남북한의 소득 격차를 보전하기 위해 남한에서 북한으로 지불하는 이전 지출만을 통일 비용으로 간주하였다. 이전 지출은 단순한 소득 보전의 의미를 넘어 북한 주민의 상대적 박탈감을 해소하고, 소득 불평등으로 인해 생길 수 있는 많은 사회적 문제들을 해결하는 비용을 포함하고 있다.

기존의 연구나 언론에서는 통일 과정에서 남한이 부담해야 할 많은 비용이 발생할 것으로 간주하고 있는데, 이는 비용의 개념에 남한의 투자까지 포함하고 있기 때문이다. 그러나 투자로 인해 소득이 발생하면 이를 다시 편익으로 고려해야 하기 때문에 투자를 순수한 비용이라고 보기는 어렵다. 본 연구에서는 투자를 비용에서 제외하였고, 따라서 기존의 연구나 언론의 보도와는 달리 남북한 통합에 따르는 순 비용이 낮게 나타날 수 있다.

통일 비용의 부담 주체를 누구로 보아야 할 것인지에 대해서도 이견이 존재하나, 본 연구에서는 통일 시 한반도 관점의 비용보다는 남한의 비용부담을 고려하였다. 통일 직후 남한과 북한의 경제적 격차, 사회·문화적인 혼란 등 여러 가지 문제 해결을 위해서는 기존 남한 국민이 경제적인 부담을 져야 한다는 데에는 이견의 여지가 없기 때문이다. 이러한 접근은 단순히 남한에 초점을 맞춘 분석이 아니라, 통일 이후에 일어나게 될 한반도 전체의 사회, 문화적인 문제 해결에 초점을 맞춘 분석이고, 그 부담 주체가 남한이 되었다고 보는 것이 본 연구의 취지에 부합한다.

통일 이후 일어날 수 있는 문제들 중 가장 근본적인 해결이 필요한 것은 북한 주민들이 느끼게 될 상대적 박탈감이다. 독일의 경우, 일부 동독 주민들은 20여 년이 지난 현재까지도 상대적 박탈감을 완전히 지우지 못한 것으로 나타났다. 이는 통일 한국을 하나의 통합된 국가로 이끌어 나가는 것에 큰 걸림돌이 될 것이다. 이러한 박탈감을 해소하고, 북한의 민주화 및 개방적 체제로의 적응 비용을 보조하기 위한 방법으로 과거 독일의 수준의 소득 보전 방식과 비교하여 점진적 소득 보전 시나리오와 임금 기준의 소득 보전 시나리오를 설정하고 분석하였다.

소득 보전 시나리오 중에서 북한 노동자들을 완전 고용하여 남한의 최저임금의 절반 수준에서 점진적으로 최저임금 수준까지를 보전해 주는 임금 기준 방식이 가장 낮은 비용(2035년까지 927조 원)을 발생시키고, 독일식의 소득 보전 방식이 가장 높은 비용(2035년까지 3,528조 원)을 발생시킬 것으로 예측된다.

실제로 독일은 과거 통일 이후 20년간 지불한 통일 비용이 2조 유로(2009년 환율 기준 3,548조 원)에 달한다. 반면에, 본 연구에서 분석한 남북한의 통일 비용은 2015년부터 2035년까지 20년간 최소 923조 원에서 최대 1,627조 원 수준으로 이 비용은 독일 통일 비용의 절반 수준에 불과하다.

남북한 경제적 통합의 혜택과 통일 비용의 분석을 통해 2015년부터 2050년까지 35년간의 순 편익은 최소 163.5조 원에서 최대 1,797.9조 원에 이를 것으로 보인다. 2050년 이후까지 분석을 확장해서 본다면, 이보다 더 큰 순 편익이 발생할 것으로 예상된다.

남북한 무역통합의 효과

제3장에서는 남북한 경제통합을 통한 직접적인 혜택으로서 남북한 무역 재개 및 확대가 남북한 경제에 미치는 영향을 분석하였다. 남북한은 분단 이후 전쟁 위험 등의 정치적 긴장관계로 인해 교류 및 경제협력에 차질을 빚어 왔으나, 남북한의 지리적, 역사적, 문화적 요건을 고려할 때 남북한이 경제협력을 도모한다면 무역 규모 확대로 인한 큰 혜택이 있음을 유추할 수 있다.

남북한 경제통합이 이루어질 경우, 한반도의 전쟁 위험이 해소되고 북한에 가해지던 무역 제재(Sanction)가 사라진다는 가정 하에서 무역의 중력모형(Gravity model)을 이용하여 무역량 변화를 추정한 결과, 2010년 19억 달러에 그쳤던 남북 교역은 2030년엔 최고로 556억 달러까지 급증, 북한 예상 GDP(979억 달러)의 57%에 이를 것으로 예측되고, 남북한 경제통합 시 무역 확대로 인한 이익은 북한 측에 훨씬 크게 나타날 것으로 보인다.

또한 제2장에서 제시한 분단 시나리오(A)와 통합 시나리오(B) 그리고 통합에 따른 구체적 시나리오[통합 이후 국방비 및 국방 인력 감축(B1) 및 남북한 협력 사업 확대(B2)]에 따른 무역 규모 변화를 분석하였다.

통합 시나리오들(B, B1, B2)에 따라 구체적인 무역량을 추정해 보면 2030년 기준 남북한 무역은 약 460~556억 달러로 늘어나 북한의 예상 GDP의 약 55~57%, 남한 예상 GDP의 약 3% 수준으로 추정되고, 이어 2050년에는 약 1,225~1,542억 달러로 북한 예상 GDP의 최고 54%, 남한 예상 GDP의 약 4% 수준으로 증가할 것으로 보인다. 이는 남북한 무역 확대를 통해 북한의 남한에 대한 경제 의존도가 높아지고 북한이 경제 발전의 동력을 마련할 것을 시사한다.

북한의 개혁·개방 시 남북한 무역의 확대 요인 및 무역 증가의 패턴을 예상해 보면 다음과 같다. 북한의 풍부한 광물자원은 남한으로의 주요한 수출 주력품이 될 것이고, 북한의 낮은 임금 수준과 풍부한 노동력 역시 북한의 경쟁력을 향상시키는 요소가 될 것이다.

또한, 북한이 상대적으로 자본에 비해 노동이 풍부한 점과 북한의 주력 산업이 1차 및 2차 산업인 점을 고려할 때 남한과의 보완적인 산업 간 무역(Inter-industry trade)이 가능해 질 것으로 예상된다. 또한 남북한 간의 인접한 지리적 조건과 공통 언어 사용, 그리고 역사적인 유대 관계는 북한의 개방으로 인한 경제 발전 과정에서 남북한 간의 산업 내 무역(Intra-industry trade)을 확대하는 데에 기여할 것으로 예상된다.

남북한 경제통합은 북한의 대 남한 무역을 촉진시킬 뿐 아니라 북한이 국제사회로부터 받아 오던 무역 제재로부터 벗어나 북한의 다자 무역이 확대되는 계기가 될 것이다. 분석 결과 북한은 기존의 무역 제재로 인해 교역이 거의 없었던 미국, 일본 등 여러 국가들과의 무역을 재개할 것으로 예상되고 인접 국가인 중국과 북한의 교역 규모는 2030년 약 160억 달러로 늘어나 북한 GDP의 약 20% 수준에 달할 것으로 예상된다.

한반도 평화와 전쟁 방지의 경제적 혜택

제4장에서는 남북한의 경제통합으로 인한 한반도의 평화 유지가 남북한의 전반적인 경제 활동에 미치는 영향을 조명하였다. 남북한의 경제통합으로 인한 전쟁 방지의 혜택은 경제 규모가 작고 개발 시작 단계에 있는 북한보다 경제적인 기반이 이미 마련되어 선진 경제로 도약하려는 남한에 더욱 크게 나타날 수 있다.

남한이 누릴 수 있는 전쟁 방지의 이익은 앞서 살펴 본 무역의 증가 외에도 전쟁 불확실성 해소로 인하여 남한의 실물시장 및 금융시장에서 나타날 수 있는 유·무형의 여러 가지 편익을 생각할 수 있다.

전쟁은 간헐적인 사건이지만 극단적이고 부정적인 결과를 야기하기 때문에, 전쟁의 불확실성으로 인해 국내 소비자 및 투자자들의 경제 활동이 교란될 수 있다. 제3장에서 가정한 남북한 통합 시나리오(B)를 기준으로 북한의 개방 이후에도 전쟁 및 국지 도발이 약 50%의 확률로 상존할 경우 남북한의 무역량은 평화 시보다 약 21% 감소할 것으로 보인다.

한반도의 전쟁 위험 해소는 북한의 위협으로 인해 발생할 수 있는 남한 금융시장의 단기적인 변동성을 줄이고 남한의 금융시장을 안정시키는 데 기여할 것으로 예상된다. 또한 전쟁의 불확실성 해소로 인해 남한으로의 외국인 투자 유치가 늘어날 것으로 보인다.

남북한의 전쟁 위험 해소는 국가 신용등급 상승으로 이어져 남한의 외채 상환 이자 부담을 경감시킬 것이다. 국내총생산(GDP) 대비 총 외채 비율이 35%선에서 유지되고 전쟁 위험 해소 시 남한의 해외 차입 금리가 0.2%포인트 가량 인하된다고 할 경우 외채 이자 부담은 2015년부터 2050년까지 약 274억 달러가 줄어들 것으로 전망된다.

남북한 경제통합의 청년 세대에 대한 경제적 혜택

제5장에서는 기존 연구에서 나타난 남북통일에 대한 인식을 살펴보고,

남한의 청년 세대가 누리게 될 경제적 혜택을 정성적으로 분석하였다.

남북통일에 대한 기존의 설문조사 결과를 종합하면, 청년 세대는 통일의 당위성 및 필요성에 대해 충분히 인식하고 있으나 통일 후 닥쳐 올 빈부 격차의 심화, 실업 문제 등 사회 문제에 대해 부정적 예측이 만연한 것으로 나타났다.

남한의 청년 세대에게는 남북통일로 인해 군 복무 형태의 변화, 취업 및 창업 기회의 확대 등으로 인한 경제적 혜택이 발생할 것으로 전망되며, 통일 한국의 국가 브랜드 제고에 따른 국가 전체 및 개인적인 혜택까지 발생할 가능성이 높은 것으로 평가된다.

남북통일이 달성될 경우, 통일 한국에서는 병역 제도를 징병제에서 본인의 지원에 의한 직업 군인을 모병하여 군대를 유지하는 '모병제'로 전환하여야 할 것이다. 모병제로 전환될 경우 국가 전체 차원에서 인재 활용에 따른 사회적 비용 부담이 줄어들고, 직업 선택의 자유 보장, 군 병력 인사 체계의 효율성 제고, 부사관 및 병의 전문성 강화 등이 기대된다. 또한 개인적인 측면에서도 군 복무로 인한 각종 기회비용을 고려하여 군 복무 여부가 개인의 선택에 따라 결정될 수 있게 되며, 이에 따라 청년 시절의 생활 패턴 역시 변하게 되고 청년 세대가 보다 장기적인 관점에서 자기 계발에 집중할 수 있게 된다.

또한 남북한의 경제통합이 점진적으로 진행될 경우 제2~4장에서 논의된 바와 같이 남북한 간 경제적 격차를 줄이기 위해 다양한 형태의 북한 경재개발 사업이 정부 및 민간 차원에서 진행되고 통일 한국의 내수시장이 확대될 가능성이 높아, 이로 인해 새로운 일자리가 창출될 것이며 다양한 분야에서의 창업 기회가 확대될 것으로 전망된다. 또한 남북한 경제통합 및 통일 이후 단기간에 북한 주민의 구매력이 증가하기를 기대할 수는 없지만, 종국에 경제통합의 효과가 가시화 되면 통일 한국의 내수시장은 현재보다 더욱 확대될 것으로 보여 일자리 및 창업 기회가 더욱 확대될 것으로 전망된다. 독일의 경험에서도 나타났듯이, 시장경제체제 아래에서는 북한 청년보다 남한 청년의 자본주의체제 경험 및 지식이 우월하기 때문에 상대적으로 더 많은 경제적 기회가 남한 청년 세대에 제공되어 청년 실업이 감소할 것으로 기대된다.

또한 남북한의 통일로 인해 통일 한국의 국가 브랜드가 제고될 것으로 전망되어 이에 따른 국가 전체뿐만 아니라 개인적인 편익까지 발생할 가능성이 높은 것으로 평가된다. 남북한 경제가 통합되고 국방비 감축, 남북 협력 사업의 확대, 남북한 교역의 확대로 이어질 경우 제2장에서 분석된 바와 같이 통일 한국의 GDP 규모는 G7 국가로 발돋움하여 국가 브랜드가 제고되고, 경제적·외교적 영향력이 지금보다 커질 것으로 전망된다. 이와 같은 통일 한국의 국가 브랜드 제고는 해외 진출을 꾀하는 기업뿐만 아니라 국제사회에서 일하게 될 청년 세대에게도 무형의 자산이 될 것으로 평가된다.

또한 통일 한국의 실현은 동아시아 최대의 안보 불안 요소인 북핵 위협이 성공적으로 제거됨을 뜻하기 때문에, 이로 인해 가장 우선되는 편익은 한반도에서의 안보 위협의 완화와 그에 따른 유·무형의 분단체제 유지비용의 소멸이다. 따라서 이와 같이 절감된 예산이 복지 및 교육 등의 예산으로 전용된다면, 통일 한국의 미래에 대한 장기적 투자로 사용될 수 있을 것이며 교육, 연구 및 개발(R&D) 등의 분야로 예산이 편성될 경우 장기적으로 통일 한국의 잠재성장률을 제고시킬 것으로 전망된다.

동아시아 경제통합에서의 통일 한국의 역할

제6장에서는 남북한 경제가 점진적으로 통합될 경우 바람직한 형태의 제도적 측면을 검토하여 제시하고, 이와 같이 통합된 남북한 경제가 동아시아 경제통합에서 어떠한 역할을 수행할 수 있을지 전망한다.

남북한 '완전 경제통합'을 궁극적으로 실현하기 위해서는 급격한 통합으로 야기될 수 있는 경제·사회·문화적 충격을 줄이기 위해, 중·단기적으로 '포괄적 경제통합협정'(CEIA: Comprehensive Economic Integration Agreement)을 지향하는 것이 바람직하다. 이러한 '포괄적 경제통합협정'은 경제통합의 이론적인 측면에서 자유무역협정(FTA), 관세동맹(CU)보다는 수준 높은 경제통합이나, 공동 시장(CM: Common Market)보다는 단기적인 측면에서 수준이 낮은 것으로 정의될 수 있다. 이는 생산요소(자본, 서비스, 노동 등)의 자유로운 이동을 보장하는 공동 시장의 경우 북한에서 남한으로 단기간 내에 대규모의 노동인구가 이동하여 남북한 정치·경제·사회·문화적 측면에서 혼란을 초래할 가능성이 크기 때문에 보다 점진적인 접근 방법이 필요하기 때문이다.

이러한 점진적 경제통합 과정은 최소 10년 정도(본 연구에서의 가정: 2015~24년)의 기한을 두고 운영될 필요가 있으며, 동 과정을 통해 남북한 경제통합을 보다 강화하고 북한 경제의 체제 전환을 보장할 수 있는 시간적 여유를 확보할 수 있을 것이다. 따라서 남북한이 '포괄적 경제통합협정'을 체결하여 '완전 경제통합'을 준비하는 과정을 총 3단계로 구분하여 초기 통합 단계(3년), 통합 가속 단계(4년), 완전 통합 준비 단계(3년)로 추진할 필요가 있다.

초기 통합 단계는 상품 무역, 투자 부문의 자유화 및 통합에 초점을 두고, 통합 가속 단계에서는 서비스 무역의 자유화, 경제특구 중심의 노동 이동 허용 등 경제통합 부문을 더욱 확대하며, 완전 통합 준비 단계에서는 '완전한 경제통합'을 위한 제도적 장치를 마련하는 것으로 분석하였다.

또한 통합 과정에서 북한의 수출 경쟁력을 높이기 위한 방안으로서 남한의 FTA 네트워크를 적극적으로 활용하는 정책 지원이 필요하다. 북한이 세계무역기구(WTO)의 회원국이 아닌 이상, 북한 경제특구에서 생산된 제품이 다른 국가로 수출되기 위해서는 남한이 체결한 FTA 네트워크를 적극적으로 활용하여 남한의 FTA 상대국 시장으로 수출할 수 있는 활로를 개척할 수 있도록 정책적으로 지원(역외 가공 지역 관련 규정 활용)할 필요가 있다.

통일 한국은 동아시아 지역에서 진행되고 있는 제도적 경제통합협정(한중일 FTA, 한중 FTA, RCEP 등), 에너지, 운송·물류 경제통합, 동아시아 및 동북아 지역 생산 네트워크(regional production network) 관련 논의에도 적극 참여하게 될 것이며, 동 지역의 경제통합 및 협력에 주도적인 역할을 할 수 있을 것으로 기대된다.

동북아 지역의 에너지 분야는 관련국들이 상호 보완적인 관계(러시아 극동 지역: 에너지 순 수출 지역, 한국·일본·중국: 에너지 해외 의존도 높은 국가)에 있어 동 국가들이 남북한 경제통합과 연계하여 동북아 협력을 강화할 가능성이 높은 것으로 평가된다. 남북한 경제통합 및 남북통일로 인해 동 지역의 안보 위협이 소멸할 경우, 북한을 경유한 에너지 네트워크가 물리적으로 형성될 수 있어 남한과 일본으로 해당 에너지가 공급되어 에너지 수급에 획기적인 전기를 마련할 것으로 기대된다.

운송 및 물류 분야에서도 통일 한국이 동북아 경제통합에 미치는 영향은 클 것으로 전망되는데, 극동·동시베리아 지역의 시베리아 횡단 철도(TSR), 바이칼-아무르 철도(BAM) 등의 대륙 횡단 철도 노선과 중국 대륙을 관통하는 중국의 육상운송·물류체계 등이 한반도 종단 철도(TKR)와 연결될 것이며 '대한해협 해저터널'이 건설될 경우 일본 물류 체계와의 연계를 통해 동북아 지역의 운송·물류 체계는 일체형으로 거듭 날 수 있을 것이다. 따라서 남북 분단으로 해운 및 항공 중심이던 남한의 수출입 운송·물류 체계는 남북한 경제통합으로 인해 '육상 중심의 물류 시스템 확보'라는 새로운 이정표를 맞이하게 될 것으로 기대된다.

동북아 지역의 생산 네트워크는 유럽 및 북미 지역 못지않게 발달한 상황이나, 남북한 경제통합이 실현될 경우 동 지역의 생산 네트워크는 보다 확대·강화될 것으로 평가된다. 현재 한국 및 일본의 핵심 부품을 이용하여 중국에서 완제품을 생산하는 생산 네트워크는 북한의 참여로 인해 변화가 불가피할 것이며, 특히 노동집약적인 산업을 중심으로 중국에서 북한으로의 생산기지 이전이 가속화될 것이다. 이에 따라 북한으로의 외국인 직접투자(FDI)가 증가할 가능성이 크다.

또한 동북아 지역에서는 다양한 형태의 지역 무역협정을 포함한 제도적 경제통합이 논의되고 있는 바, 남북한 경제통합이 실현될 경우 동북아의 제도적 경제통합이 보다 가속화되고 확대될 것으로 전망된다. 남북한 경제통합이 동북아의 제도적 경제통합에 미치는 영향은 크게 역내 요인과 역외 요인으로 구분할 수 있는데, 역내 요인으로 남북한 경제통합으로 동 지역의 안보 리스크가 감소하여 역내 경제적 공동 이익을 보다 증진시키기 위해 동북아 제도적 경제통합에 적극적으로 참여할 유인이 증가할 것이다. 또한 역외 요인으로 남북한 경제통합을 바탕으로 한 동북아 경제통합의 가속화는 동북아 지역의 경제통합을 견제하기 위한 여타 지역의 경제통합을 야기하는 동기가 될 것이며, 이는 다시 지역별 경제통합의 경쟁을 격화시켜 동북아 지역의 경제통합을 보다 심화·확대하는 데 기여할 것으로 전망된다.

결론

본 연구는 통일을 위한 남북한의 10년간 경제적 통합과 통일 이후의 한반도 경제를 예측할 수 있는 분석 결과를 제시하였다는 점에서 의의가 있다. 경제통합의 혜택과 통일 비용의 분석에 있어 경제성장 모형을 사용하였고 시나리오가 경제 전반에 관한 거시적 변수들을 통합적으로 고려하고 있기 때문에, 실제 남북 경제통합 및 통일의 정책을 수립하는 과정에 있어 좋은 지표가 될 것이다.

통일은 남북한 경제에 있어 큰 이득이 되고, 나아가 통일 한반도의 높은 순 편익을 가져 오는 것을 확인하였다.

독일은 과거 급속 통일로 인해 많은 비용을 지불해야 했으나, 통일 한국은 독일의 경우를 반면교사로 삼아 점진적이고 체계적인 통일 준비가 필요하다. 또한 경제적 통합을 거쳐 점진적으로 사회·문화적 통일을 이루는 것이 필요하다.

그러나 분석의 한계로 통일 이후 이산가족의 상봉과 같은 사회·문화적 편익에 대한 구체적인 효과를 포함하지 못하였다. 따라서 실제 통일로 국민들이 얻게 될 편익은 분석한 수준보다 더욱 높을 것으로 예상된다. 아울러 이런 한계는 기존의 많은 통일 연구가 당면한 현실적인 제약이고, 실제로 통일을 위한 경제적 통합을 이루어 나가면서 논의를 발전시켜 나가야 할 부분이다.

1장

서론

1. 연구 배경과 필요성

제2차 세계대전과 한국전쟁을 거치며 한반도가 대한민국과 조선민주주의인민공화국으로 분단되어 60년 이상이 흘렀음에도 불구하고, 우리 국민의 통일에 대한 열망은 매우 높다.[1] 2013년 KBS 국민 통일 의식 조사 결과에 의하면, '큰 부담만 없다면 통일이 되는 것이 좋다'(45.1%), '반드시 통일이 되어야 한다'(24.0%) 등 남북한의 통일을 바라는 응답이 69.1%로 많았던 반면, '상당 기간 현 공존 상태 유지'(21.2%)나 '통일이 되지 않는 편이 더 낫다'(9.7%) 등 통일을 바라지 않는다고 인식하는 응답은 30.9%에 머물렀다. 또한, 한반도의 통일은 우리 민족에게 주어진 사명이자 통일된 한반

1_통일에 대한 인식 및 여론조사 결과는 제5장에서 더 구체적으로 분석하였다.

도가 세계 중심 국가로 도약할 수 있는 기회로 보아야 한다는 견해도 많다. 예를 들어, 박세일(2013)은 "통일은 우리의 국가적 비전이고 민족적 과제이며 북한 동포의 해방, 민족 정체성과 동질성의 회복, 세계 중심 국가로의 도약이라는 세 가지 가치를 갖는다."고 주장하였다.

이렇게 우리 국민들이 통일에 대한 당위성 및 필요성을 공감하고 있지만, 통일에 대한 우려 역시 큰 것으로 설문조사 결과 나타난다. KBS 국민 통일 의식 조사에서 통일에 대한 우려 사항으로, '남한 주민의 막대한 통일 비용 부담'(49.0%)이 가장 많았으며, 다음으로 '실업과 범죄 증가 등 사회적 혼란'(20.3%), '정치·군사적 혼란'(15.7%), '북한 주민의 대량 남한 이주'(11.1%) 등의 순이었다. 즉, 이런 설문조사 결과를 돌아볼 때 통일에 대한 부정적인 인식이 확산된 이유는 독일의 통일 경험, 각종 연구 결과나 언론의 보도에 따라 통일의 비용 부담이 너무 강조되었기 때문으로 유추된다.[2] 실제로 많은 기존의 연구에서 통일에 대한 논의는 대부분 통일 비용을 중심으로 논의하였다. 또한, 통일 비용 계산 방법에서도 목표 소득 설정 방식—북한의 소득을 일정 수준으로 끌어 올리는—으로 매우 비현실적이며, 소모성 지출과 투자 지출을 구분하고 있지 않다. 무엇보다 통일로 얻을 수 있는 혜택에 대한 논의는 거의 이루어지지 않고 있다. 즉, 많은 기존 연구에서 통일의 비용은 구체적인 숫자로 계산하여 개인의 부담을 강조하고 있으나, 통일의 혜택은 국가 차원에서 추상적으로 논의하고 있는 한계가 있다.

2_반면에 통일 비용을 세금 형식으로 부담하는 것으로 하여 지불 의사를 설문한 결과, 전체 응답자의 74.3%가 비용을 부담할 의향이 있는 것으로 나타났다. 여기서 '개인 부담을 할 수 없다'는 응답은 25.7%였던 반면, '개인 부담을 할 수 있다'고 응답한 경우 비용의 정도는 연소득의 '1% 미만'(37.2%) 〉 '1~5% 미만'(25.9%) 〉 '5~10% 미만'(7.7%) 〉 '10% 이상'(3.5%) 등의 순으로 응답하였다.

이에 따라 통일로 얻을 수 있는 혜택에 대한 보다 종합적이고 전문적인 연구가 필요한 실정이다. 통일의 장기적인 혜택과 비용을 비교하여 통일의 순 혜택을 계산할 필요가 있고, 통일의 경제적 비용이 개인의 세금 부담으로 계산되고 있는 점을 감안하여 가능한 한 금전적인 혜택을 환산해 볼 필요가 있다.

우선, 통일에 따른 장기 혜택을 경제적인 측면에서 살펴보면, ① 방위비, 국방 인력 절감 등 분단에 따른 남북한 분단 비용의 해소, ② 남북 간 교역 확대와 투자를 통해 얻을 수 있는 경제통합 효과, ③ 전쟁 위험 해소에 따른 국가 위험도 감소에 따른 경제적 혜택 등이며 이러한 효과가 어느 정도 발생할지 실질적인 추정이 필요하다. 한편, 일반 국민들도 위에서 언급한 혜택을 인식하고 있음을 알 수 있다. KBS 조사의 '통일이 되면 가장 좋은 점'으로 '전쟁 위협 해소'가 30.8%로 가장 응답이 높게 나타났으며, 다음으로 '한반도 경제성장'이 28.6%, '통일 한국의 국제 위상 강화'가 다음으로 23.4%, '군비 감소로 복지 혜택 증가'가 16.9% 등의 순으로 나타났다.

이에 따라 본 연구의 목적은 통일의 경제적 혜택과 비용에 대한 분석을 통하여 통일의 순 혜택(net benefit)을 추정하고자 하며 이러한 분석의 결과를 통하여 혜택을 크게 하고 비용을 낮출 수 있는 바람직한 통일 방안에 대한 시사점을 얻고자 한다. 본 연구에서는 북한 경제가 개혁·개방 정책을 단행하고 남북한 경제가 점진적인 방법으로 통합될 것으로 가정하는데, 이러한 가정을 경제성장 모형에 도입하여 남북한 경제통합의 혜택을 추정하였다. 또한, 남북한 경제통합에 따른 남북한의 무역 규모를 추정하고, 한반도 평화와 전쟁 방지의 경제적 혜택 역시 추정하였다. 그리고 본 연구는 남북한 경제의 '완전한 통합' 이전 과도기적인 형태로 남북한 '포괄적 경제통합 협정'을 제안하며, 경제통합을 위한 제도적 기반을 제시하며, 동북아 경제통합에서 통일 한국이 어떠한 역할을 할 수 있을지 논의하였다.

2. 연구 범위와 남북한 경제통합의 특수성

본 연구는 남북한의 통일을 포괄하는 '경제적 통합'에 초점을 두고 그 혜택을 계산하였다. 우선 통합과 통일의 차이, 그리고 경제적 통합의 구체적 함의가 명확하지 않기 때문에 본 연구에서는 이런 용어의 정의를 확실히 하였다. 일반적으로 통합과 통일은 비슷한 의미로 사용되지만 정확한 의미를 살펴보면, 통합(統合)은 '둘 이상의 조직이나 기구 따위를 하나로 합침'을 의미하는데,[3] 영어로 통합은 'integration'에 해당하며 의미는 "incorporation as equals into society or an organization of individuals of different groups"으로 정의된다.[4] 반면에 통일(統一)은 '나누어진 것들을 합쳐서 하나의 조직·체계 아래로 모이게 함'으로 정의되며,[5] 통합에 비해서는 좀 더 하나의 체계로 융합되는 것을 강조하는 의미로 쓰이고 있으나, 역시 두 단어의 확실한 구분은 어렵다고 하겠다.[6]

나아가 경제적 통합의 일반적 의미를 살펴보면 경제통합은 국가 간에 생산물의 교역과 생산요소—자본과 노동—의 자유로운 이동을 제한하는

3_국립국어원 표준국어대사전.

4_Merriam-Webster dictionary.

5_국립국어원 표준국어대사전.

6_영어로 통일은 unification이며, the process of being united or made into a whole로 정의된다(oxford).

모든 규제와 장벽을 제거해서 하나의 단일 경제권을 형성해 나가는 것을 의미한다. 궁극적으로는 두 국가 또는 여러 국가가 하나의 경제로 통합된다는 것은 국가들 간의 경제제도가 점진적으로 같아지고 공동의 목적을 추구하기 위해 동일한 경제정책이 실행되는 것을 의미한다.[7] 국가 간 경제통합은 다양한 수준에서 이루어 질 수 있으며 점진적으로 단계를 거쳐 발전해 나간다. 예를 들어 무역을 통한 통합이 제도화를 통해 이루어지는 경우를 살펴보면, 먼저 두 나라 사이에 자유무역지대(Free Trade Area)로 시작하는 경우 상호 간 상품 이동에 있어 무역 규제와 장벽을 철폐하고 이 때 각자의 무역 상대국에 대해서는 독자적인 관세 정책을 유지한다. 나아가 관세동맹(Customs Union)을 하게 되면 제3국에 대해 공통의 관세정책이 실시되고, 공동시장(Common Market)을 형성하면 상호 간 생산요소의 자유로운 이동이 보장되며, 궁극적으로 경제동맹(Economic Union)에서는 단일한 화폐와 경제정책이 실시되게 된다.

이런 경제적 통합은 정치적 통합과는 구별된다. 국가들 간에 경제정책과 제도를 통합해 나가기 위해 국가 주권(national sovereignty)의 일부를 포기할 수밖에 없다는 점에서 보완적인 측면이 있지만, 정치적인 통합 과정은 경제통합의 필요조건도 충분조건도 아니라고 보아야 할 것이다. 물론, 경제적 통합은 정치적 통합과 더불어 일어날 수도 있다는 점과 국가 간 정

7_Balassa(1961)는 경제통합(economic integration)을 "a process which encompasses measures designed to abolish discrimination between economic units belonging to different nation state"로 정의하고 있으며, Baldwin and Wyplosz(2012)에서는 "an agreement among countries to reduce and ultimately remove the various economic and political restraints of trade and other economic flows (flow of goods, services and factors of production) among each others"로 정의하고 있다.

치통합이 먼저 이루어지는 경우 경제통합은 가속화될 수 있다는 점도 간과해서는 안 된다.

남북한의 경제적 통합을 다루기 위해서는 남북한 관계의 특수성이 고려되어야 한다. 이석(2013)은 최근 연구에서 남북한의 경제통합이 다음과 같은 특수성을 갖는다고 지적하고 있다. 첫째, 남북 경제통합에서 정치적 목적과 경제적 목적이 서로 충돌할 가능성이 있는데, 예를 들어 남북한 사이에서는 분단국가가 재결합하는 정치적인 통일을 본질적인 목적이라고 보면 경제통합을 통한 혜택은 남북한 간 정치적 통일의 부차적 요소로 볼 수 있다는 것이다. 둘째, 남북한의 경제통합은 다른 국가 간의 경제통합처럼 단계적으로 진행되지 않는데, 경제통합이 전혀 진행되지 않은 상태에서도 여러 가지 상황의 발전에 따라 정치적으로 남북한의 통일이 선언될 수 있고 이는 반대로 경제통합 과정을 크게 촉진하는 요인으로 작용할 수 있다는 것이다. 셋째, 남북한의 경제통합은 통합의 내용이나 구성 요인이 다른 국가 간의 경제통합에 비해 매우 광범위한데, 다른 국가 간의 경제통합과 같이 상호 이질적인 경제제도를 통합하는 것에 그치지 않고 남북한 소득 격차의 수렴 방안과 북한 경제의 시장체제로의 전환 방안까지 포함하여야 한다는 것이다.

3. 연구 방법, 가정과 시나리오

남북한 경제통합의 혜택 분석을 위해 남북한의 점진적인 통합 시나리오를 가정하였다. 남한과 북한이 자율성을 가지고 점진적으로 경제통합을 해나가는 것으로 가정하였고 궁극적으로 남한과 북한이 정치·경제·사회 분야의 통합을 이루고 결국 한반도에서 단일 국가가 완성될 것이라고 보았다. 이는 우리 국민의 여론조사에서도 나타났듯이 점진적인 통일에 대한 예상 또는 희망이 대다수임을 반영한 것이다.[8] 점진적 통일은 남북한 경제통합을 기반으로 하여 정치적 통일로 나아간다는 의미에서 '경제 주도형 통합 모형'일 수도 있으나 정치적 통일과 함께 경제통합이 일어나는 절충식일 수 있다(이석, 2013). 우리가 가정하는 점진적 통일 방식인 경제 주도형 통합 모형은 북한의 변화 가능성과 남북한 간의 경제협력에 대해 긍정적인 시각을 전제로 하고 있다고 보아야 한다. 반면에 독일의 경우 베를린 장벽의 철폐 이후 정치적 통일이 이미 기정사실화된 상황에서 급속한 경제통합이 진행되었다. 만약 이런 통일 방식을 따라 향후 남북한이 갑작스러운 정치적 통일을 한다면 남북한 경제통합 역시 단기에 급진적으로 진행될 수밖에 없다는 것을 알 수 있다. 이러한 경우에 남북한 경제통합은 경제적인 요인보다는 정치적 요인이 주요하게 작용할 것이다(이석, 2013).

본 연구의 구성은 다음과 같다. 우선 제2장에서는 북한 경제가 개혁·개방 정책을 단행하고 남북한 경제가 점진적인 방법으로 통합된다는 가정 하에 여러 시나리오를 구성하고 경제성장 모형을 이용하여 경제통합의 혜택을 추정하였다. 제3장에서는 남북한 경제통합에 따른 남북한 무역 규모를

8_KBS 조사 결과, 통일 가능성의 경우 전체 응답자의 83.4%가 통일의 가능성을 염두에 두고 있었으며, 그 시기는 '10~20년 이내'(26.8%) 〉 '30년 이상'(20.2%) 〉 '20~30년 이내'(18.5%) 〉 '5~10년 이내'(15.7%) 〉 '5년 이내'(2.2%) 등의 순이었으며, '불가능하다'는 16.6%였음. 또한 남북한의 점진적인 경제협력에 대한 지지도는 높게 나타남. 향후 개성공단 사업에 대한 KBS 조사에서 '계속해야 한다'는 응답이 74.6%로 높게 나타났으며, '중단해야 한다'는 응답은 22.2%였고, '모르겠다'라는 응답은 3.2%로 나타났다.

추정하고, 제4장에서는 한반도 평화 유지와 전쟁 방지로 인한 경제적 혜택 역시 논의하였다. 제5장에서는 남북 경제통합과 통일로 인한 청년 세대의 혜택을 중점적으로 다루었으며, 제6장에서는 남북한 경제의 '완전한 통합' 이전 과도기적인 형태로 남북한 '포괄적 경제통합협정'을 제안하며, 경제통합을 위한 제도적 기반을 제시하였고 남북한 경제통합이 동아시아 관점에서 가져 오는 시사점을 도출하였다.

2장

한반도 경제통합의 혜택 추정

본 장에서는 한반도 경제통합의 경제적 순 혜택을 추정하였다. 여기서 순 혜택은 경제적 통합의 혜택에서 비용만큼을 제한 순수한 혜택(편익)을 말한다. 본 장에서는 경제성장 모형을 도입하고 남북한 간의 여러 가지 가능한 시나리오를 설정하여 개별 시나리오에 따른 경제통합의 순 혜택을 분석하였다. 분석 대상 기간은 2015년부터 2050년까지 35년간으로 하고, 2015년부터 남북한이 10년간의 경제통합을 통해 북한에 시장경제를 도입하고, 점진적으로 남한과의 소득 격차를 줄여 나간 후, 2025년에 이르러 통일을 하고 이후에도 남북한이 지속적인 경제적 통합을 이루어 나가는 것을 주요한 시나리오로 보았다. 이와 같은 '점진적인' 통일 방식은 남북한의 경제적 순 혜택을 극대화할 것으로 예상된다. 독일의 경우, 지나치게 빠르게 전개된 통일 방식이 과도한 비용을 초래했다. 통일 이후 소득 불평등과 같은 사회적인 문제를 빠르게 해소하기 위해, 독일은 동독 주민들의 경제적 흡수 능력을 고려하지 않은 채 비효율적으로 높은 수준의 소득 보전 방식을 채택했으며, 화폐의 실제 가치를 고려하지 않은 채 1 대 1 비율로 양국가 간에 통용되도록 하고, 노동자의 생산성을 고려하지 않은 채 서독 수준으로 임금을 결정하여 큰 비용을 부담하여야 했다. 본 장에서는 독일의 경우를 반면교사 삼아, 체계적이고 점진적인 통일 시나리오를 제시하여 과도한 비용을 발생시키지 않는 한반도 통일 방식을 모색하였다.

본 장의 제1절에서는 한반도 통일(통합)의 경제적 혜택과 비용에 관한 기존의 연구를 소개하였다. 기존의 연구는 대부분 통일 비용을 도출하는 데 초점이 맞추어져 있다. 그러나 본 연구는 기존의 논의를 발전시켜 한반도의 경제통합이 가져다 줄 비용과 혜택을 모두 도출하고, 이를 통해 순 혜택을 계산하였다. 여기서 통일의 혜택으로는 한반도 관점에서 통일 한국의 국민이 향유하게 될 모든 경제적 혜택을 고려하였고, 비용은 독일과 마찬가지로 통일로 인해 남한이 북한의 소득을 일정 정도 보전해 줄 때 필요한 비용을 계산하였다. 여기서 소득 보전은 단순히 소득을 이전해 주는 개념이 아니라, 북한 주민들의 상대적 박탈감으로 인해 발생할 수 있는 사회적 문제들을 해결하는 데에 소요되는 비용을 포함하는 개념이다.

제2절에서는 통일의 순 혜택 추정에 바탕이 될 남북한 경제통합 시나리오를 설정하기 위한 논의를 하였다. 통일의 순 혜택 추정을 위해 합리적이고 현실적인 시나리오를 수립하는 것은 무엇보다 중요하다. 본 연구에서 가정한 남북한의 경제통합 시나리오는 북한이 점진적인 경제 개혁과 개방을 거쳐 자본주의를 단계적으로 도입해 나가는 과정에서 남북한 인적 교류가 이뤄지고, 기술이 이전되는 등 다양한 경제적 효과가 발생하는 것을 포함하였다. 또한 10년간의 점진적인 경제적 통합을 통해 남북한이 통일 국가로 발전할 것으로 가정하였고, 이 과정에서 남한 정부가 주도권을 가지

고 통합을 이끌어 나갈 것으로 보았다.

제3절에서는 제2절의 논의를 바탕으로 통일을 위한 구체적인 시나리오를 설정하고 이에 따른 혜택과 비용을 각각 분석하였다. 시나리오는 크게 분단 상태의 지속(A)과 북한의 개방(B)시나리오로 구분하였다. 분단 시나리오는 남북한이 현재와 같이 대립된 상태를 지속하는 경우이고, 북한의 개방 시나리오는 본격적으로 남북한이 경제적 통합의 과정을 밟아 나가는 경우이다. 개방 시나리오 안에서 세부적인 경제통합 시나리오를 나누었는데 ① 국방비와 국방 인력의 감축(B1), ② 남북한 협력 사업의 확대(B2), ③ 남북한 교역의 확대(B3)를 고려하였다. 3절에서 각 시나리오의 편익을 분석하고, 세 가지 세부 시나리오가 함께 나타날 경우의 경제적 혜택(B123)을 계산하였다. 아울러, 남한의 소득 보전 방식에 따라 발생하는 비용을 비교한 후에, 도출된 혜택과 비용을 바탕으로 순 혜택을 계산하였다.

1. 통일 비용과 혜택의 정의와 기존 연구 결과

1) 통일 비용

(1) 통일 비용의 정의

많은 이전의 연구가 통일 비용의 산출이라는 주제로 연구를 진행하였다. 이들 연구의 대부분은 통일 비용 부담의 주체를 남한으로 가정하고 있고, 통일 비용 또한 통일로 인해 남한 지역이 북한 지역에 지원함으로써 부담해야 하는 남한의 경제적 비용이라는 협의의 개념으로 정의하고 있다(김구륜 외, 2012). 그러나 통일 비용과 통일의 편익은 그 제공자와 수혜자에 따라 남한, 북한, 국제사회로 구별하여 논의되어야 한다. 만약 남한이 지불한 통일 비용이 온전히 북한의 편익으로 이어진다면, 한반도 전체의 관점에서 비용은 전혀 없을 것이다. 그러나 통일 비용의 정의와 산출 방법을 넘어서서 남한의 통일 비용에 대한 일차적인 관심은 통일로 인해 북한 지역에 지원해야 할 규모에 따라 국민 개개인이 부담해야 하는 비용이 어느 정도인지에 있는 것이 현실이다.

독일의 경우, 동서독 통합 당시 통일 비용을 "통일 후 특정 기간 이내에 동독 주민의 1인당 GNP가 서독 주민의 1인당 GNP와 같아지게 하기 위해서 서독 정부가 지출해야 하는 재정 소요액"으로 정의하고 이를 정책 지표로 삼은 바 있다. 그 동안 우리나라의 연구에서도 독일의 경우와 마찬가지로 통일 비용을, "북한의 1인당 국민소득이 남한의 국민소득의 일정 수준에 도달하도록 하기 위하여 투자하는 비용"으로 정의하고 있다(이효원, 2012).

또한 통일 비용의 구체적인 분류를 보면, 통일 비용은 크게 경제적 비용과 비경제적 비용으로 나눌 수 있으며, 남한이 부담해야 할 비용은 북한 지원 비용 외에도, 인구 이동이나 사회적 혼란에 따른 비용을 포함할 수 있다. 비용의 지출 목적과 시기에 따라 구분하자면 위기관리 비용, 체제 전환 비용, 경제적 투자비용으로 구분 할 수 있고, 지출 내용과 성격에 따라 인도 지원 비용, 제도 통합 비용, 경제재건 비용의 3가지로 분류할 수 있다(이효원, 2012). 그러나 기존의 연구에 따르면, 남북한의 경제통합 과정에서 앞서 정의한 통일 비용 외에도 남한의 경기 침체와 실업 증가, 재정적자 심화, 인플레이션 발생과 국제수지 악화 등 부정적인 결과가 발생 가능하며, 갑작스러운 통일의 경우 비용이 더 커질 것으로 예상하고 있다.

본 연구에서는 남한의 경제적 통합 비용 중에서 북한 지원에 따른 비용인 협의의 개념으로 통일 비용을 정의하고자 한다. 그러나 북한 지원을 위한 소득 보전이 단순히 남한의 소득을 북한 주민에게 이전해 주는 것만을 의미하지는 않는다. 이 비용이 북한 주민의 상대적 박탈감으로 인해 발생할 수 있는 다양한 사회적 문제들을 해소하는 비용을 포함하고 있기 때문이다. 이와 관하여는 3절에서 더욱 자세히 논의하기로 한다.

(2) 기존의 통일 비용 추정 결과

통일 비용 추정과 관련한 연구는 주로 1990년 초·중반에 집중적으로 이루어졌는데, 이는 1990년 독일이 통일하면서 한반도에서의 통일 가능성이 현실적인 문제로 다가 왔고, 다른 한 편으로는 서독의 막대한 통일 비용 부담을 보면서 통일 시 남한이 부담하게 될 통일 비용에 대한 관심이 높아졌기 때문이다. 그러나 통일 비용에 대한 추정 결과는 각 연구마다 커다란 편차를 보이고 있다. 이는 추정에 사용된 비용의 개념과 가정, 추정 방식 등이 다르기 때문이다.[1]

먼저 최근에 이루어진 통일 비용 추정 연구인 한국재정학회 외(2011)는 통일 비용을 “북한의 1인당 국민소득이 남한의 국민소득의 일정 수준에 도달하도록 하기 위하여 투자하는 비용”으로 정의한 후 추정하였다. 이 연구에서는 남북한 1인당 GDP의 격차에 대한 가정에 따라 통일 시나리오를

1_김규륜 외(2012)의 기존 문헌 조사 참고.

세 가지로 나누고, 각각의 시나리오별로 북한 근로자 임금 수준에 대한 가정과 사회보장제도 도입에 대한 가정을 고려하여 총 4가지 경우로 통일 비용을 추계하였다. 연구 결과에 따르면, 중기형(2030년 통일, 2040년 북한의 1인당 GDP수준이 남한의 36.5% 수준)의 경우 가정에 따라 최소 약 224조 원, 최대 약 848조 원의 통일 비용이 소요될 것으로 보았다.

또한 송준혁(2013)에서도 통일 비용의 개념을 "북한의 1인당 순 임금 소득이 남한의 순 임금 소득의 일정 수준에 도달하도록 하기 위하여 필요한 이전 지출"로 정의하였다. 이 연구에서는 인적 자본의 외부성을 고려한 내생적 모형을 사용하였는데 연구에 따르면 북한의 순 임금 소득이 남한의 80% 수준이 되기 위해서는 13년간 남한의 이전 지출이 필요하다. 또한 연구가 제시한 지출 수준은 통일 당해 연도에 남한 GDP의 16.8%이고, 시간이 흐름에 따라 점차 줄어들어 10년 후에는 남한 GDP의 1.9% 수준이 될 것으로 예측하였다.

그러나 조동호(1997)는 기존의 통일 비용 논의의 문제점을 다음과 같이 지적하였다. 첫째, 기존의 통일 비용에 대한 논의는 북한 경제의 흡수 능력을 무시한 채 전개되었고 북한 경제의 흡수 능력을 감안하지 않고 추정된 통일 비용은 비현실적일 수밖에 없다는 것이다. 둘째, 기존의 연구들은 통일 비용 부담의 신축성을 무시하였는데, 통일 비용 중에는 임의로 조정할 수 없는 비용 항목도 있지만 대부분의 항목은 상황에 따라 신축적으로 조정이 가능하다는 것이다. 셋째, 국민의 비용 부담 의사를 고려하지 않았는데, 통일 비용의 지출은 국민의 의사가 중요하게 작용하므로 국민의 부담 의사를 고려하지 않은 통일 비용 추정은 현실적으로 무의미하다는 것이다.

2) 통합(통일) 혜택

(1) 통일 혜택의 정의

통일의 경제적 비용은 총 비용과 총 혜택을 비교한 순 비용 또는 순 혜택으로 논의되어야 하나, 기존의 연구에서는 통일 비용의 추정에 초점이 맞추어져 있었고, 통일 혜택 산출에 대해서는 구체적인 논의가 많지 않았다. 여기서는 통일 혜택의 정의에 대한 기존 연구의 입장을 정리하고 통일 혜택의 실증적인 추정에 대한 연구 결과를 정리하려 한다.

조동호(1997)는 통일 혜택을 〈그림 2-1〉과 같이 분류하고 있다. 이 분류에서는 남한과 북한이 얻을 수 있는 통일 혜택을 크게 경제적 혜택과 비경제적 혜택으로 나누었고, 통일의 많은 혜택이 남북한에 공통으로 발생할 수 있음을 강조하고 있다. 우선 남북한이 공통적으로 누릴 수 있는 경제적 혜택으로 방위 비용 절감과 시장의 확대로 인한 규모의 경제, 지역경제 결합 등 경제통합의 혜택이 있다. 비경제적인 측면에서의 통일 혜택으로는 이산가족 문제의 해결이나 민주화 촉진, 북한 지역주민들의 인권 신장과 같은 인도적 혜택이나 전쟁 위협의 해소와 국제적 위상 제고에 따른 정치적 혜택, 관광 서비스나 문화 발전으로 인한 문화적 혜택이 있음을 주장하였다.

김규륜 외(2011)의 연구에도 통일로 인한 혜택을 경제적 혜택과 비경제적 혜택으로 분류하고 있다. 경제적 혜택으로는 방위비와 국가 위험도 감소에 따른 차입 비용 절감 효과 등 분단에 따른 남북한의 분단 비용의 해소, 북한 지역 투자에 따르는 경기 활성화 효과와 규모의 경제 실현 효과, 남북간 생산요소의 유기적 결합을 통한 생산성 증가 효과, 북한 지하자원과 관광자원의 개발 활용을 통한 수입 대체 및 관광 수입 증대 효과, 분단으로

그림 2-1 | 통일 혜택의 분류

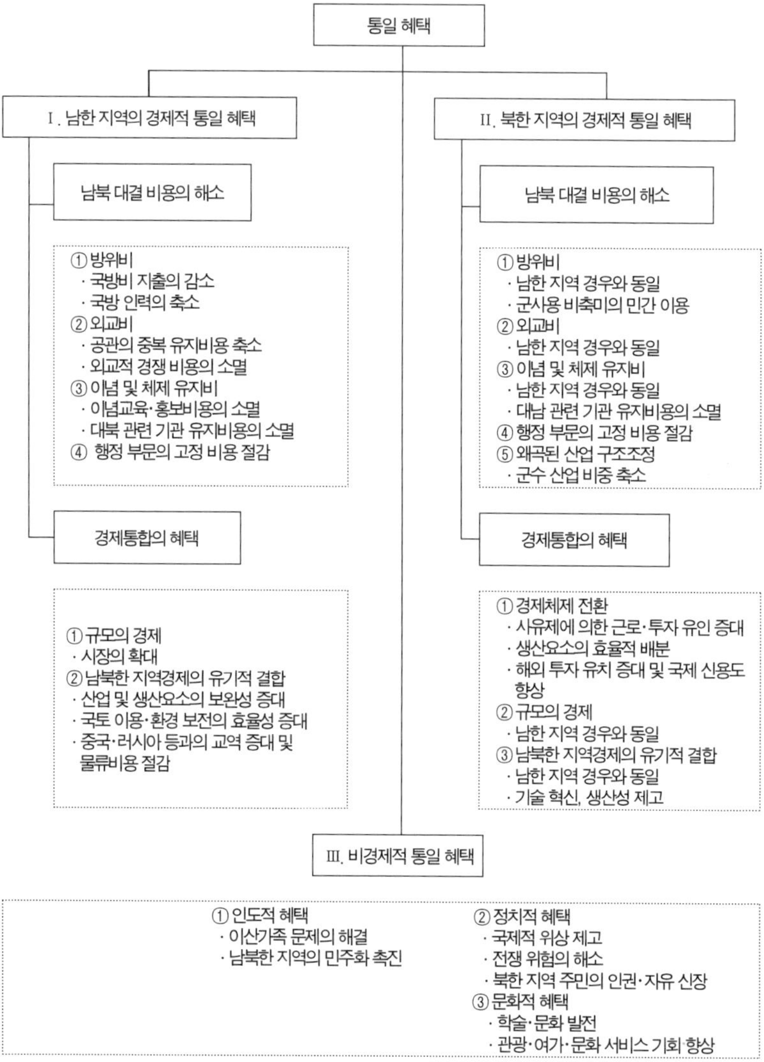

통일 혜택

Ⅰ. 남한 지역의 경제적 통일 혜택

남북 대결 비용의 해소

① 방위비
· 국방비 지출의 감소
· 국방 인력의 축소
② 외교비
· 공관의 중복 유지비용 축소
· 외교적 경쟁 비용의 소멸
③ 이념 및 체제 유지비
· 이념교육·홍보비용의 소멸
· 대북 관련 기관 유지비용의 소멸
④ 행정 부문의 고정 비용 절감

경제통합의 혜택

① 규모의 경제
· 시장의 확대
② 남북한 지역경제의 유기적 결합
· 산업 및 생산요소의 보완성 증대
· 국토 이용·환경 보전의 효율성 증대
· 중국·러시아 등과의 교역 증대 및 물류비용 절감

Ⅱ. 북한 지역의 경제적 통일 혜택

남북 대결 비용의 해소

① 방위비
· 남한 지역 경우와 동일
· 군사용 비축미의 민간 이용
② 외교비
· 남한 지역 경우와 동일
③ 이념 및 체제 유지비
· 남한 지역 경우와 동일
· 대남 관련 기관 유지비용의 소멸
④ 행정 부문의 고정 비용 절감
⑤ 왜곡된 산업 구조조정
· 군수 산업 비중 축소

경제통합의 혜택

① 경제체제 전환
· 사유제에 의한 근로·투자 유인 증대
· 생산요소의 효율적 배분
· 해외 투자 유치 증대 및 국제 신용도 향상
② 규모의 경제
· 남한 지역 경우와 동일
③ 남북한 지역경제의 유기적 결합
· 남한 지역 경우와 동일
· 기술 혁신, 생산성 제고

Ⅲ. 비경제적 통일 혜택

① 인도적 혜택
· 이산가족 문제의 해결
· 남북한 지역의 민주화 촉진
② 정치적 혜택
· 국제적 위상 제고
· 전쟁 위험의 해소
· 북한 지역 주민의 인권·자유 신장
③ 문화적 혜택
· 학술·문화 발전
· 관광·여가·문화 서비스 기회 향상

자료: 조동호 "통일에 따른 경제적 편익", 전홍택, 이영선 편 『한반도 통일시의 경제통합 전략』, 한국개발연구원, 1997.

인해 단절된 교통망의 복원 연결을 통한 물류비 절감 효과 및 동북아 물류 산업의 중심지로서의 발전 등을 제시하고 있다. 비경제적 혜택으로는 통일 한국의 국가 브랜드 가치와 국격(國格) 제고, 북한 지역주민의 인권 신장과 민주화 달성, 이산가족 문제 해결, 사회 문화 관광 서비스 부문의 기회 확대로 인한 삶의 질 향상, 스포츠 강국으로서의 부상 등의 유무형의 효과를 제시하였다.

(2) 통일 혜택에 관한 실증적인 연구

통일 혜택을 실증적으로 분석한 기존 연구는 거의 없는 실정이다. 통일 혜택은 통일 비용에 비해 계량화하기 어려운 항목이 훨씬 더 많기 때문에 기존의 통일 혜택에 대한 연구는 대부분 통일 혜택의 내용을 정리하는데 그치고 있으며, 제한적이나마 통일 혜택을 계량화하고자 한 연구로는 대표적으로 이상만(1991)과 조동호(1997)가 있다.

이상만(1991)은 1992년을 통일 시점으로 가정한 후 통일이 노동력, 자본, 생산성의 증가를 가져 올 것으로 가정하여 통일 10년 후인 2001년의 남북한 GNP 합계를 계산하는 방식으로 통일의 혜택을 산출하였다. 반면에 조동호(1997)는 통일 혜택 중에서 비교적 계량화가 용이한 국방 부문을 대상으로 하여 통일로 인해 축소될 국방비와 병력을 민간 생산 부문에 투입하는 경우 추가적으로 얻을 수 있는 우리 경제의 성장분을 통일 혜택으로 추정하였다. 이 연구에 따르면, 1996년에 통일이 되었을 경우, 국방 인력의 감축과 국방비 축소로 인한 통일의 총 혜택은 1996년에는 잠재 GDP의 약 0.1%에서 2020년에는 잠재 GDP의 약 2.4%에 달하는 것으로 추정하였다.

2. 남북한 경제통합의 시나리오

1) 전체적인 시나리오의 중요성

남북한 경제통합의 혜택을 추정하는 데 있어, 분석의 전제가 되는 전체적인 시나리오를 설정하는 것이 매우 중요하다. 남북한 간의 경제통합의 혜택은 통합 당시의 경제적 조건, 그리고 달성하고자 하는 구체적인 통합의 형태 또는 수준에 따라 달라질 수 있다. 따라서 남북한의 특수한 관계를 고려할 때, 북한의 (갑작스러운) 붕괴를 가정할지, 아니면 남북한의 점진적인 통합을 준비해 가는 시나리오에서 출발할지 등 여러 가지 현실적인 가능성을 고려하여 시나리오를 설정해야 한다. 또한 경제통합의 영구적인 혜택을 고려하는지, 아니면 통일 후 일정 기간 동안 발생하는 혜택으로 초점을 두는지 등도 중요한 고려 대상이다.

무엇보다 시나리오 상에서 남한, 북한, 한반도 중 누구의 혜택에 초점을 맞출 것인지도 경제통합의 혜택을 추정하는 과정에 있어 중요한 변수가 될 것이다. 통일 후를 생각하면 당연히 한반도 차원에서의 혜택이 논의되어야 하겠지만 통일 전 과도기적 형태에서는 남한과 북한의 각각의 혜택을 계산할 것인지 아니면 남북한 전체의 혜택을 초점할 것인지도 논의가 필요하다고 하겠다. 마지막으로 경제적인 혜택 이외에도 비경제적인 혜택을 어느 정도까지 추정하여 포함할 것인지도 중요한 문제이다. 통일로 인한 주요한 비경제적 혜택으로는 통일 한국의 국가 브랜드 가치와 국격 제고, 북한 지역주민의 인권 신장, 이산가족 문제 해결과 스포츠 강국으로서의 부상 등이 있는데 이런 비경제적 혜택을 어떻게 경제적인 혜택으로 산정하여 포함할 것인지도 추가로 논의될 필요가 있다.

2) 시나리오 가정

본 연구는 위에서 제시한 시나리오의 중요성을 고려하여 우선 북한의 개혁과 개방을 전제로 하는 시나리오를 설정하였다. 이 시나리오에서는 기본적으로 남한과 북한이 점진적으로 대립을 해소하고 경제협력을 통해 통일을 추진하며 한반도의 분단을 해소할 것을 가정하였다. 북한은 점진적인 경제 개혁과 개방을 통해 자본주의를 단계적으로 도입해 나갈 것으로 가정하였다. 이 과정에서 남북한 간의 무역과 투자가 증가하고 인적 교류가 이루어질 것을 예상할 수 있고, 이러한 변화들은 정치적 통일 이전에 경제통합 과정에서 가능할 것이라 보았다.

남한과 북한이 정치적으로 하나의 공동체로 통합되어 궁극적으로 하나의 단일 국가를 형성하는 (정치적) 통일을 가정하나, 통일의 구체적인 시점에 대해서는 북한의 개혁·개방과 더불어 남북한의 경제통합 추진을 기점으로 최소 10년 이후가 될 것으로 가정하였다. 따라서 2015년의 남북한 경제적 통합을 시작으로 10년 이후 2025년에 통일이 되는 것을 가정하였다.

혹자는 북한의 붕괴 시나리오가 가능성이 높다고 주장할 수도 있는데, 본 연구에서 제시한 남북한 경제통합을 거쳐 점진적으로 통일을 이뤄 나가는 시나리오는 북한의 갑작스러운 붕괴의 경우에도 여전히 유효한 설명력을 지닌다. 만약 북한의 붕괴가 일어나 남북한의 정치적 국면에 급격한 변화가 생기더라도, 남한 정부가 주도권을 가지고 점진적으로 남북한 경제를 통합해 나가는 과정이 필요하다는 점에는 이견이 없기 때문이다. 이런 점진적 통일 과

정의 면밀한 분석을 위해, 본 연구에서는 시나리오 상의 통일 비용과 독일식의 급격한 통합이 진행될 경우 발생하게 될 비용을 비교하여 제시하였다.

3) 본 시나리오의 의미

앞서 가정한 시나리오의 이해를 돕기 위해 기존 연구에서 가정한 한반도 통일의 시나리오와 본 연구의 시나리오를 연관하여 설명하려 한다. 한반도의 통일과 관련한 최근의 KDI의 연구인 이석(2013)은 경제통합과 정치통합의 상호 관련성을 바탕으로 세 가지 형태의 시나리오를 제시하고 있다. 첫째 시나리오는 과거 독일의 사례와 같이 갑작스러운 정치적 통일에 의해 주도되는 이른바 정치적 통합 모형이다. 두 번째 시나리오는 정치적 통일 이전에 남북한 경제가 경제적 유인으로 인해 상호 합의함으로써 점진적으로 통합이 달성되는 경제적 통합 모형이다. 세 번째는 정치적 통일 후에도 경제적으로는 남북한 지역이 어느 정도 자율성을 갖고 유지되다가 경제적 유인으로 인해 점진적으로 수렴해 가는 정치·경제 절충형 모형이다.

본 연구에서 가정하는 시나리오는 기본적으로 이석(2013)의 연구의 두 번째 및 세 번째 시나리오인 경제적 통합 모형과 정치·경제 절충형 모형에서의 경제적 혜택을 추정하는 방식이라고 하겠다.

4) 시나리오의 구체화: 북한의 개혁·개방에 대한 가정

점진적인 남북 경제통합의 시나리오에서 구체적인 북한의 개혁, 개방

이 어떻게 이루어질 것인지에 대한 가정이 중요하다. 본 연구에서는 남북 경제통합 시 북한 경제의 특수성을 고려하여 다음 몇 가지 과정이 순차적, 복합적으로 진행될 것으로 가정하였다.

(1) 남북한 경제 교류(무역, 금융, 노동)의 증가

북한 경제가 개방되면 가장 먼저 무역의 증가, 즉 대외적인 상품 교역이 증가할 것이다. 상품 교역의 증가는 노동과 자본 등 국내 생산요소들의 가격 변화와 북한 경제의 소득 수준 전반에 영향을 미치게 될 것이다.

현재까지 남북한 간의 교역 규모는 정상규모에 미치지 못한다. Sohn and Yoon(2001, p.32)이 2000년을 전후로 한 시점을 기준으로 무역의 중력 모형이 제시하는 남북한 정상 교역 규모 예측치를 추정해 본 결과에 따르면 남북한 간 실제 교역 규모는 정상적인 교역 규모의 1/5에 불과하다는 것을 보였다(제3장의 분석 참조). 따라서 북한이 개방을 한다면 남북한 간 교역은 자연히 증가할 것으로 기대된다.

북한의 무역 개방이 남북한 경제에 미치는 효과를 추정하기 위해, 1994년 1월 미국과 멕시코 간에 발효된 북미 자유무역협정(North American Free Trade Agreement, NAFTA)의 경제 효과를 살펴보는 것이 유용할 수 있다. 이 협정의 두 나라 미국과 멕시코는 남북한과 마찬가지로 경제 규모에 있어서 상당한 차이를 보이기 때문이다. NAFTA는 선진국과 개도국 간에 체결된 자유무역협정으로 미국은 자본과 기술에 비교우위를 가지고, 멕시코는 노동력과 임금에서 비교우위를 가지고 있었다. 이 점에서도 남한과 북한의 비교우위와 비슷한 양상을 보인다. NAFTA는 두 나라 간 교역 규모를 높은 수준으로 이끌었는데 이런 NAFTA의 효과를 고려할 때 남북한에서도 북한의 개방은 남북 간 교역 규모를 확대시킬 것으로 예상할 수 있다.

(2) 북한의 제도적 변화

북한 당국이 현재와 같이 제한적인 특구 전략을 고수한다면, 앞으로 특구를 추가 개발하더라도 경제성장 효과는 제한적일 수밖에 없다. 따라서 북한의 개혁 개방을 위해서는 근본적인 제도적 변화가 필요하다. 김두얼(2012)에서는 남북경협과 북한 산업 발전의 잠재력을 제대로 실현하려면 다음과 같은 제도적 환경이 필요함을 주장하였다.

- ○ 개성 외에 북한의 주요 대도시 지역에서 다수의 경제특구 추가 개발
- ○ 특구에 입주하는 남한 기업의 경영권과 재산권에 대한 충분한 보장
- ○ 자유로운 3통(통행, 통관, 통신)과 남측 인력의 북한 내 상주 및 남북한 인력 간의 자유로운 교류가 가능한 환경
- ○ 남북한 당국이 긴밀한 협력 체제를 구축해 특구 내부 기반 시설 및 특구와 남한을 연결하는 외부 기반 시설을 함께 건설

즉, 남북한 경제통합의 실현은 북한 경제가 현재의 체제에서 또 다른 어떤 체제로 이행한다는 것을 필연적으로 내포하는 것이며, 북한 내의 시장 개혁의 과정이 반드시 포함되어야 함을 의미한다. 물론 북한의 시장 개혁이 남북의 정치적 통일과 남북 경제통합의 과정 중 어느 시점에서 이루어지는지에 따라 개혁의 형식과 내용이 달라질 것이다. 예를 들어, 남북한이 정치적 통일을 하기 이전에 북한이 사회주의 경제체제를 개혁하게 된다면, 가격이 시장에서 자유롭게 결정되도록 만드는 시장 자유화 조치가 점

진적으로 일어날 것으로 예측할 수 있다. 이와 달리 남북한의 정치적 통일이 급진적으로 이루어지고 이에 따라 북한의 시장 개혁이 이루어질 경우, 이석(2013)에서 논의한 바와 같이 통일 한국 정부가 주도권을 가지고 시장 가격 체계를 북한에 도입함으로써 북한의 시장 개혁이 급진적으로 이루어질 수도 있을 것이다.

본 연구의 남북한 경제통합 과정은 북한의 시장 개혁이 정치적 통일 이전에 북한 당국의 결정에 의해 실행되고, 남한 역시 이를 적극적으로 지원하는 가정을 바탕으로 하였다. 북한의 시장 개혁을 유도하기 위해서는 해외로부터의 자금 유입이 절대적으로 필요한데, 이를 위해 국제금융기구 등 국제사회와의 자금 지원 협상에 착수하는 방안을 고려할 수 있을 것이다. 본 연구에서는 북한의 시장 개혁 이후, 한반도의 경제통합의 과정에 있어 북한의 제도적 변화를 주도적으로 이끄는 주체를 남한 정부로 가정하고, 논의의 초점을 한반도에 국한시키기 위해 국제사회의 지원 부문을 고려하지 않았다. 남북한의 완전한 제도적 통합은 본 연구에서 가정한 남북 경제통합 시나리오의 마지막 단계로 볼 수 있으며 짧지 않은 시간이 소요될 것으로 예상된다. 이와 관련하여 제6장에서 논의를 심화시키기로 한다.

(3) 인적 자본 축적 속도의 상승

최근에 이루어진 송준혁(2013)의 연구는 인적 자본의 외부성이 고려된 내생적 성장 모형을 바탕으로 남북한 통합 이후 한반도의 성장 경로를 수치적으로 분석하였다. 연구에 따르면 인적 자본은 외부성을 갖기 때문에 상대적으로 인적 자본이 풍부한 남한과 북한이 통합을 하게 되면 경제성장 과정에서 북한의 인적 자본이 남한의 수준으로 수렴하게 된다. 이 연구에서는 소득 수준과 교육 수준을 고려하여 2012년 남한 대비 북한 인적 자본의 수준의 비율을 0.1로 가정하고, 이 비율이 1로 수렴하는 데에 25년이 소요될 것으로 분석하였다. 이 25년의 기간은 모형 상에서 남북한 통합경제가 장기 균형 성장 경로로 수렴하는 데 소요되는 시간이기도 하다.

본 연구에서도 송준혁(2013)과 같이 인적 자본의 외부 효과를 고려하여, 북한이 개방을 한다면 남한과의 교류를 통해 북한의 인적 자본의 축적속도가 높아질 것으로 가정하였다. 높은 인적 자본을 보유한 남한 노동자와 북한 노동자가 교류를 하면서 발생하는 인적 자본의 파급 효과가 북한의 인적 자본 축적 속도를 상승시킬 것이기 때문이다. 또한, 북한의 교육 제도가 새롭게 개편되고, 높은 수준의 교과서 및 서적이 도입되며, 향상된 소득 수준이 더 높은 수준의 교육을 가능하도록 하기 때문에, 교육 수준의 향상을 통해 북한의 인적 자본 축적 속도가 상승할 것으로 가정하였다. 그 구체적인 인적 자본의 상승 속도는 다음 절에서 더욱 구체적으로 제시하였다.

3. 경제통합 모형의 설정과 순 혜택 추정

1) 기본 모형의 설정과 가정

(1) 경제성장 모형을 이용한 경제통합 혜택 분석

본 절에서는 2015년부터 2050년까지 장기간에 걸친 분석 기간 동안 남북한 경제통합의 혜택을 경제성장 모형을 통해 추정하였다. 아울러, 통합의 혜택과 기존 연구들의 방식에 따라 도출한 통일 비용과의 차이를 가지고 통합 순 혜택을 도출하였다.

통합의 혜택은 통합 시점으로 가정한 2015년(t=0)으로부터 시나리오별로 점진적으로 통합을 했을 경우의 연도별 GDP와 통합을 하지 않았을 경우의 연도별 GDP의 차이를 구한 후, 그 누적 차액의 현재 가치를 통해 추정하였다. 이렇게 혜택의 현재 가치를 구하는 방법의 경우, 통합 혜택이 향유되는 시점을 구체화하지 않는다면, 각 시나리오의 남북한 경제성장 경로에 따라 무한한 통합 혜택이 발생할 수 있기 때문에, 본 연구에서는 2015년부터 2050년까지의 36년(한 세대)에 걸친 통합 혜택을 추산하였다. 아울러, 통합의 혜택은 모든 기간에 걸쳐 남한, 북한, 한반도로 각각 구분하여 추정하였다.

통합의 시나리오는 북한의 개혁과 개방을 가정으로 추가한 세 개의 시나리오로 나눌 수 있다. 첫째, 통합 이후 국방비 및 국방 인력 감축에 따른 경제적 혜택, 둘째로, 통합 이후 북한 노동자들의 고용 증가와 북한으로의 투자 및 자본 이동에 따른 경제적 혜택, 마지막으로 두 국가 간의 무역의 증대로 인한 경제적 혜택을 추가하여 세 가지의 통합 시나리오를 분석에 이용하였다.

(2) 모형에서 사용된 가정

i) 기본 가정

본 모형에서 사용한 경제통합의 기준 연도인 2015년의 남북한 경제는

표 2-1 | 2015년의 남북한 경제 현황

t=0 (2015)	변수 이름	남한	북한	북/남 비율
국내총생산(십억 원)	GDP (=Y)	1,224,059	27,832	0.0227
1인당 국내총생산(백만 원)	1인당 GDP	24.60	1.11	0.045
노동력당 국내총생산(백만 원)	노동력당 GDP	46.93	2.00	0.043
노동력당 자본 스톡(백만 원)	k	184.55	7.86	0.043
총 인구(천 명)	P	49750	25155	0.506
경제 활동 참가율	경제 활동 참가율	61.1%	70.2%	1.149
총 노동인구(천 명)	L	26081	13921	0.477
총 자본 스톡(십억 원)	K	4,813,028	109,446	0.023
국방 인력(천 명, 총인구대비)	국방 인력	642 (1.29%)	1190 (4.73%)	1.871
인적 자본(교육년수)	h	12	6.00	0.500
최근 10년간 평균 경제성장률	경제성장률	3.95%	0.93%	0.241

〈표 2-1〉과 같다고 가정하였다.

먼저 〈표 2-1〉에서 2015년의 남한 GDP를 추정하기 위해 International Monetary Fund, World Economic Outlook Database, October 2013에서 제시한 남한의 2015년 GDP자료(Gross domestic product, 2005년 기준 가격)를 사용하였다. 북한 GDP를 추정하기 위해 한국은행 경제통계시스템(ECOS)에서 제공하는 2012년 남북한 실질 GDP의 비율(0.0227) 자료를 사용하여 남한의 2015년 GDP로부터 북한의 2015년 GDP를 계산하였다. 자료에 따르면, 남한과 북한의 GDP는 2012년 기준 40배 이상 차이가 난다. 2012년까지의 남한과 북한의 경제성장률의 추이를 살펴볼 때,[2] 분단 상태가 2015년까지 지속된다면 이 차이는 더 좁혀지지 않을 것으로

2_본문 (2). (ii) 북한의 최근 경제성장 추이 참조(p. 59).

예상된다.

2015년의 자본 스톡을 추정하기 위해, 표학길, 김새랑(2012)에서 제시한 2012년 남한의 총 자본 스톡이[3] 2015년까지 매년 남한의 GDP 성장률만큼 상승하는 것으로 가정하여 2015년 남한의 총 자본 스톡을 계산하였다. 북한의 총 자본 스톡은 남북한의 GDP 비율이 남북한 자본량의 비율과 같다는 가정 하에서, 남한의 총 자본 스톡을 통해 북한의 2015년 총 자본 스톡을 계산하였다. 따라서 2015년 남한과 북한의 총 자본 스톡 또한 40배 이상 차이가 날 것이다.

남북한의 인구를 추정하기 위해, UN, World Population Prospects: The 2012 Revision에서 제시한 2015년의 남한과 북한의 총 인구를 사용하였다. 또한, 같은 자료에서 제시한 남한과 북한의 15세 이상 생산 가능 인구와 통계청에서 제공하는 북한 통계의 남북한 경제 활동 참가율을 이용해 2015년의 총 노동인구를 추정하였다. 자료에 따르면, 북한의 경제 활동 참가율이 남한보다 10% 가량 높은 수준에 있다. 그러나 2015년의 남한 총 인구가 북한 총 인구의 2배 이상이기 때문에, 총 노동인구 또한 남한이 북한의 약 2배 수준이 될 것으로 예측된다.

남북한 2015년 국방 인력의 규모를 추정하기 위해 『국방백서』(2012)의 2012년 남한 국방 인력 자료와 『2013 국방통계연보』의 2012년 북한 국방 인력 자료를 사용하였다. 자료에 따르면, 북한의 총 국방 인력은 남한의 약 1.9배의 수준이다. 북한의 총 인구가 남한의 절반 수준임을 감안하면 북한의 국방 인력 규모는 상당히 높은 수준임을 알 수 있다. 총 인구 대비

3_"분기별 자본 스톡 및 잠재성장률 추계," 국회예산정책처.

국방 인력 비율은 북한의 비율이 남한 비율의 4배 수준이다.

1인당 인적 자본은 노동자의 평균 교육연수와 관련이 있는 것으로 가정하고, 교육연수는 Barro and Lee(2013)에 의해 측정된 15세 이상 인구의 평균 교육연수 자료를 사용하였다. 2015년의 남한의 평균 교육연수는 12년으로 추정하였으며, 2015년 북한의 평균 교육연수는 자료가 없으나 주변국들의 추정치를 감안하여 평균 6년으로 가정하였다.[4]

최근 10년간 평균 경제성장률은 한국은행 경제통계시스템(ECOS) 자료를 바탕으로 남한과 북한의 최근 10년(2003~13년)간의 평균 성장률을 계산하였다. 남한은 3.95%, 북한은 0.93% 로 남한의 성장률이 북한의 성장률의 약 4배 이상으로 나타났다.

〈표 2-1〉에 제시한 가정 외에, 남북한의 기술 진보율을 남북한의 평균 경제성장률 수준에 맞게 조정하여, 2015년 기준 남한의 총 요소 생산성의 증가율(기술 진보율)을 1.1%로 가정한 반면,[5] 북한의 기술 진보율을 0.1% 수준으로 기술 진보가 거의 일어나지 않고 있는 것으로 가정하였다. 총 투자율은 한국은행 경제통계시스템(ECOS)의 2012년 남한의 GDP 대비 총 고정 자본 형성 비율(약 32%)이 2015년 이후 10년간 같은 수준(32%)으로 고정되는 것으로 가정하여 사용하였다. 2025년 이후로는 총 투자율이 하

4_2010년 15세 이상 인구의 평균 교육연수는 Barro and Lee(2013)자료에 의하면 캄보디아 4.8년, 중국 8.1년, 미얀마 4.7년, 베트남 6.3년이다.

5_가장 최근의 Penn World Tables의 자료를 이용하여 총 요소 생산성의 증가율(g)을 계산한 결과 1960~2010년 한국의 평균값은 약 1% 정도임. 본 연구에서 가정한 인적 자본을 포함한 모형에서는 장기 균형에 도달하였을 때 g를 노동 소득 분배율로 나눈 값(1.1%/0.55=2%)으로 생산량과 자본량이 일정하게 증가하는 효과가 발생한다. 자세한 정보는 2장의 〈Box 2-1〉 참조(p. 68).

락하는 것을 감안하였고, 구체적인 시나리오를 소개하는 부분에서 정확한 수치를 명시하였다. 북한은 경제를 개방할 경우, 총투자율이 2015년에 남한의 총투자율과 같은 32%의 수준이 된다고 가정하였다.

남북한 생산량의 격차는 노동력, 자본량, 인적 자본의 차이를 고려하고 나면 생산성의 격차(기술 수준의 차이)에 의해 설명할 수 있으며,[6] 이렇게 계산한 기술 수준(A)의 남북한 격차는 2015년에 약 4배에 달하는 것으로 추계된다.

남한과 북한 경제 모두 4%의 자본의 감가상각률을 가정하였으며, 현재 가치를 계산할 때의 할인율(실질이자율)은 연 3%로 가정하였다. 마지막으로, 경제성장 모형에서 자본의 몫(α)을 2011년 Penn World Table 8.0의 추정치에 따라 0.45로 보았다.

ii) 북한의 최근 경제성장 추이

북한의 1990년도 이후 20여 년에 걸친 북한의 평균 경제성장률(실질)은 0%에 못 미치는 -0.73%로 나타났다. 〈표 2-2〉에 볼 수 있듯이 북한은 1999년도 이후 둔화된 경제를 살리려는 노력을 보이지만, 여전히 평균 1.48%(1999~2012년)의 미약한 수준의 경제성장을 하고 있다. 2009년 이후로는 다시 마이너스 성장을 겪는 등 침체된 북한 경제 상태를 확인할 수 있다. 〈그림 2-2〉는 〈표 2-2〉의 자료의 추이를 보기 쉽게 그림으로 나타낸 것이다.

6_(3) 편익추정에 사용한 기본 성장모형, 식 ③ 참조(p. 66).

표 2-2 | 북한의 명목 GNI와 실질 GDP, 실질 경제성장률 변화 추이

연도	명목GNI(십억 원)	실질국내총생산(십억 원)	실질경제성장률(%)
1990	16,407	28,834	-4.30
1991	16,767	27,560	-4.40
1992	16,447	25,608	-7.10
1993	16,431	24,461	-4.50
1994	17,026	23,945	-2.10
1995	17,170	22,897	-4.40
1996	17,256	22,130	-3.40
1997	16,814	20,695	-6.50
1998	17,597	20,508	-0.90
1999	18,741	21,754	6.10
2000	18,978	21,844	0.40
2001	20,287	22,664	3.80
2002	21,331	22,937	1.20
2003	21,947	23,354	1.80
2004	23,767	23,838	2.10
2005	24,792	24,735	3.80
2006	24,429	24,481	-1.00
2007	24,827	24,191	-1.20
2008	27,347	24,940	3.10
2009	28,635	24,714	-0.90
2010	30,049	24,597	-0.50
2011	32,438	24,793	0.80
2012	33,479	25,117	1.30

자료: 한국은행 경제통계시스템(ECOS)

북한의 명목 GNI가 상승하고 있지만, 실질 GDP를 보면 2005년 이후 실질 GDP가 정체되어 있음을 알 수 있고, 실질 경제성장률 역시 1999년 및 몇몇 연도를 제외하고는 대부분 마이너스 성장을 기록하고 있음을 확인할 수 있다.

iii) 북한의 인적 자원

북한의 인적 자원은 크게 교육의 측면과 건강의 측면에서 분석할 수 있

그림 2-2 | 북한의 GNI, 실질 GDP와 경제성장률, 1990~2012

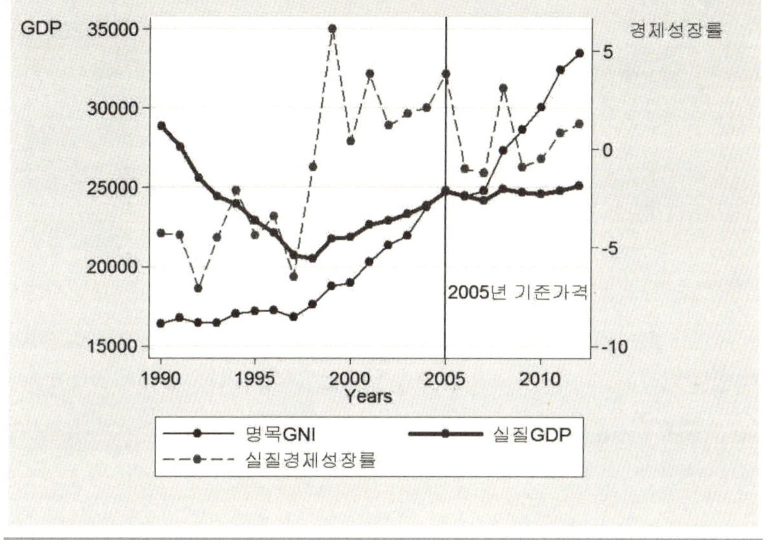

다. 공식적인 자료에 의하면 북한은 상당한 교육 수준을 갖고 있는 것으로 나타났다. 1990년대에 공식적으로 발표한 취학률과 교육연수는 수치적인 면에서 남한과 대등한 수준이다. Eberstadt and Banister(1992)가 보고한 북한 공식 자료에 의하면 1987년 초·중·고에 진학한 6세부터 15세의 북한 취학 연령 인구의 진학률은 96% 수준으로, 같은 해 남한의 95%와 거의 비슷하다. 또한, 1987년 약 50만 명(521,000명)의 북한 학생이 대학에 진학했다고 보고하고 있다. 남한의 인구 규모가 북한 인구의 두 배 수준임을 감안하면, 이것은 북한의 대학 진학률이 남한과(1985년 34.2%) 비슷한 수준임을 보여 준다.

그러나 90년대 이후 북한의 경제가 침체되면서 남한과 비슷하던 진학

표 2-3 | 남북한의 인구통계(1950~2050년)

연도	남한				북한			
	출산율 (1,000명당)	사망률 (1,000명당)	영아 사망률 (1,000명의 신생아 기준)	평균 수명 (연수)	출산율 (1,000명당)	사망률 (1,000명당)	영아 사망률 (1,000명의 신생아 기준)	평균 수명 (연수)
1950	36	16	138	47.9	25	23	123	37.6
1960	40	13	90	54.9	33	14	80	51.6
1970	30	8	38	63.2	33	8	45	61.7
1980	20	6	25	67.4	22	6	31	67.1
1990	16	5	10	72.9	21	6	42	70.0
2000	10	5	5	77.4	17	8	28	68.1
2010	10	6	3	81.4	14	9	22	69.9
2020	9	7	2	83.8	14	10	15	72.3
2030	8	8	1	85.8	12	10	10	74.3
2040	8	10	1	87.6	12	11	8	76.2
2050	8	13	1	89.2	11	12	7	78.1

자료: UN, World Population Prospects: The 2012 Revision.(Medium fertility).

률이 남한의 빠른 성장률을 따라 오지 못 하였을 것으로 추정된다. 또한, 질적인 면에서 북한의 교육 여건은 교과 내용, 교원의 자질, 교육 설비 등이 남한보다 훨씬 열악한 것으로 예상된다.

인적 자원의 건강 측면에서 북한의 인적 자원은 남한에 비해 훨씬 더 열악하다. 〈표 2-3〉에서는 UN이 제공하는 남북한 인구 통계 중에서 출산율, 사망률, 영아 사망률, 평균 수명을 비교하였다. UN이 제시한 인구 추계에 의하면 2010년 북한의 평균 기대 수명은 69.9세이고, 이것은 남한의 평균 기대 수명인 81.4보다 무척 낮은 수준이다. 영아 사망률은 인구 천만 명당 22명으로 남한의 3명에 비해 매우 높다. 북한이 대중에게 보편적인 건강 진료를 제공하는 보건 체계를 갖추고 있음에도 이렇게 낮은 평균 기대 수명과 높은 영아 사망률을 기록한 데에는 기근 및 자연재해의 영향이 크다고 할 수 있다.

표 2-4 | 남북한 인구와 노동력 추계

연도	남한					북한				
	총 인구 (천 명)	연령별 인구(총인구비율)			연간노동력성장률 (%)	총 인구 (천 명)	연령별 인구(총인구비율)			연간노동력성장률 (%)
		0~14 (%)	15~64 (%)	65 이상 (%)			0~14 (%)	15~64 (%)	65 이상 (%)	
1950	19211	42.49	54.64	2.87	3.41	10549	43.44	53.51	3.05	1.92
1960	25074	40.91	55.35	3.74	2.28	11424	37.74	59.06	3.21	1.83
1970	31437	42.13	54.55	3.32	3.60	14410	41.60	55.23	3.17	3.15
1980	37451	33.92	62.22	3.86	2.91	17372	36.28	60.14	3.58	3.36
1990	42972	25.63	69.39	4.98	1.37	20194	26.77	68.87	4.36	1.43
2000	45977	20.96	71.70	7.34	1.17	22840	26.02	68.06	5.92	1.21
2010	48454	16.24	72.68	11.08	0.79	24501	22.66	68.56	8.78	0.84
2020	50769	13.78	70.68	15.53	0.30	25766	20.28	70.71	9.02	0.45
2030	52190	13.58	63.03	23.40	0.12	26719	19.69	68.10	12.21	0.35
2040	52270	12.64	56.82	30.53	-0.16	27086	18.02	64.14	17.84	0.10
2050	51034	11.99	53.13	34.88	-0.47	27076	17.16	64.11	18.73	-0.07

자료: UN, World Population Prospects: The 2012 Revision

iv) 남북한 인구와 노동력 추계

〈표 2-4〉는 UN에서 제공하는 인구 통계 중 남북한의 노동력에 관련된 자료를 비교한 것이다. UN의 추계에 의하면 북한의 노동력은 2040년까지 증가세를 보인 후 점차 감소할 것으로 예상되고, 남한의 노동력은 2030년을 기점으로 감소할 것으로 예상된다. 2050년까지 남한과 북한의 총 인구의 비율은 비슷한 수준(약 1.8배)으로 유지될 것으로 보이나, 총 인구 수는 약 2,400만 명의 차이가 날 것으로 예상된다.

남한과 북한의 인구 증가 속도는 점차 둔화되고 있는데, 2035년 근방을 기점으로 남한의 인구는 감소세에 접어들고, 북한의 인구는 2045년 근

그림 2-3 | 남북한의 인구와 노동력 추정치, 2010~2060 (단위: 천 명)

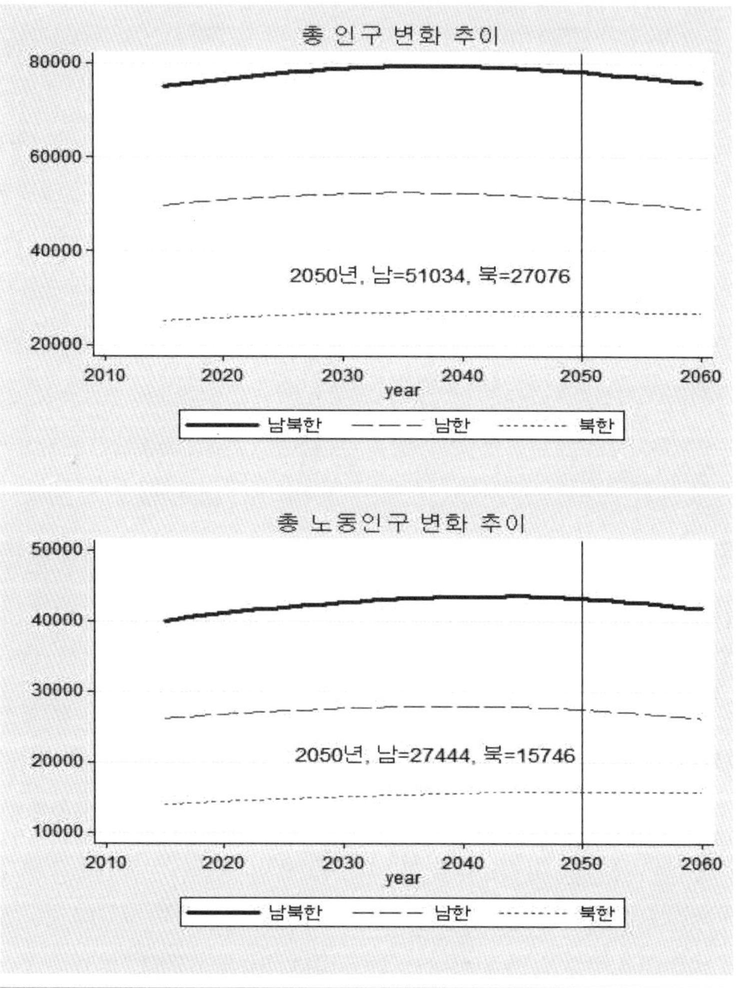

출처: UN, World Population Prospects: The 2012 Revision

방을 기점으로 인구가 감소할 것으로 예상되고 있다.

남북한의 인구 구조를 살펴보면, 남한에서 급격한 고령화가 진행되고 있고, 2020년 근방을 기점으로는 65세 이상 인구가 14세 이하 인구보다 많아질 것으로 추계되었다. 북한 또한 노령화가 진행되지만 그 속도는 남한에 비해 늦은 편이다. 생산 활동에 가장 활발하게 참여하는 15~64세 연령층의 인구가 북한에서는 2050년까지 꾸준히 높은 비율로 유지되는 것을 확인할 수 있다. 이러한 추이로 보아, 남북통일이 인구의 고령화로 인한 남한의 노동력 부족 현상을 어느 정도 해소해 줄 수 있을 것으로 기대된다.

(3) 혜택 추정에 사용할 기본 성장 모형

통합 혜택의 추정에 사용할 경제성장 모형을 소개한다. 남한, 북한의 생산을 결정하는 간단한 콥-더글라스(Cobb-Douglas) 형태의 생산함수를 아래와 같이 가정하였다.

① $$Y = AK^{\alpha}(hL)^{1-\alpha}$$

여기서 Y는 한 국가의 총 생산을 의미하고, A는 기술, 제도 등에 의해 결정되며 주어진 생산요소의 효율성을 나타내는 생산성의 수준, K는 기계, 건물 등의 물적 자본(physical capital), h는 노동자 1인이 교육, 직업 훈련 등을 통해 축적한 인적 자본(human capital), L은 노동자의 수 또는 노동시간, α는 전체 생산 중 물적 자본에 귀속되는 비율인 자본소득 분배율을 의미한다.

이때 한 국가의 생산성 수준은 A의 크기로 측정되며 흔히 '총 요소 생산성'(total factor productivity; TFP)으로 지칭된다.

위의 식 ①은 노동자의 수(L)로 나누어 1인당 산출량(y)과 1인당 자본량(k)을 이용하여 다음과 같이 고쳐 쓸 수 있다.

② $$y = Ak^{\alpha}h^{1-\alpha}$$

이제 자본소득 분배율 α가 남한과 북한 간에 다르지 않다고 가정하면 두 국가의 생산함수는 아래와 같이 표현된다.

$$y_N = A_N k_N^{\alpha} h_N^{1-\alpha}$$
$$y_S = A_S k_S^{\alpha} h_S^{1-\alpha}$$

여기서 아래 첨자 N, S는 각각 북한과 남한을 표시한다. 이제 위의 식에서 양변을 서로 나누면 두 국가 간의 노동자 1인당 총 생산의 차이를 1인당 물적 자본, 인적 자본, '생산성'이 각각 기여한 부분으로 분해할 수 있으며, 이를 '소득 수준 회계'(level accounting)라고 부른다.

③ $$y_N/y_S = A_N/A_S \cdot (k_N/k_S)^{\alpha}(h_N/h_S)^{1-\alpha}$$

본 연구에서는 2015년의 남한과 북한의 자료를 가지고 위의 소득 수준 회계를 적용하여 두 국가 간의 생산성 수준(A)의 차이를 추계하였다. 남북한의 기준년도 1인당 총 생산량에서 20배 정도의 격차는 남북한의 생산성 수준(A)에서의 약 4배 차이, 1인당 자본량(k)에서 20배의 α 제곱(α=0.4)만큼의 차이, 인적 자본(h)에서 2배의 (1-α)제곱(1-α=0.6)만큼의 차이에서 기인한 것으로 나타났다.

두 경제의 성장 경로는 널리 알려진 대표적인 성장 모형 솔로우(Solow) 모형을 따르는 것으로 가정하였다. 또한, 두 국가의 노동력의 증가율, n_i $(= \Delta L_i / L_i)$과 저축률(또는 투자율), s_i 는 외생적으로 주어진 일정한 값을 갖는 것으로 가정하였다. 외생적으로 결정된 노동력의 증가율의 구체적인 추이는 앞서 가정한 바와 같이 UN에서 제시한 15세 이상의 인구 자료와 한국은행의 경제 활동 참가율을 사용해 결정하였고, 저축률의 구체적인 추이는 시나리오를 설명하는 부분에서 더욱 자세히 다루기로 한다.

모형의 기술 진보율($\frac{\Delta A_i}{A_i}$), 인적 자본의 증가율($\frac{\Delta h_i}{h_i}$)도 외생적으로 주어지는 값이지만, 그 추이는 주어진 시나리오에 따라 변화하게 된다. 따라서 시나리오를 설명하는 부분에서 더욱 자세히 다룰 것이다.

모형의 남북한 두 경제는 저축을 통해 자본을 축적함에 따라 계속 성장해 나가지만, 결국 정상 상태(steady-state)에 도달하게 되면 유효 노동력 당 자본량이 일정해 지면서 경제성장률이 일정한 수준에 머물게 된다. 정상 상태에서 GDP 성장률은 외생적으로 주어진 기술 수준(A), 노동력(L), 인적 자본(h)의 증가율에 따라 일정하게 결정된다.[7]

솔로우 모형과 같은 신고전학파 성장 모형(neoclassical growth model)은 다른 조건이 동일하다면, 현재의 국민소득이 그 나라의 장기적인 정상 상태의 잠재적인 국민소득으로 접근해 가는 과정에서 GDP 성장률이 점차

7_〈Box 2-1〉 참조(p. 68).

〈Box 2-1〉 경제성장 모형

□ 생산함수는 아래와 같이 주어졌다.

$$Y = AK^{\alpha}(hL)^{1-\alpha}$$

- 단, Y는 생산량, K는 자본량, h는 1인당 인적 자본, L은 노동력, A는 총 요소 생산성

- 위의 생산함수는 다음과 같이 유효 노동자 1인당으로 표시할 수 있다.

$$\hat{y_i} = \widehat{k_i^{\alpha}}$$

단, $\hat{y_i} = Y_i/B_i(h_iL_i)$

$\hat{k_i} = K_i/B_i(h_iL_i)$

$B_i = A_i^{\frac{1}{1-\alpha}}$

- 솔로우 모형을 가정하면 기술 진보율($g_i = \frac{\Delta A_i}{A_i}$), 감가상각률($\delta$), 저축률 ($s_i$)이 외생적으로 주어진다.

- $\hat{k_i}$ 의 변화 식은 다음과 같이 유도된다.

$$\Delta\hat{k_i} = s_i \bullet \widehat{k_i^{\alpha}} - (n_i + \frac{\Delta h_i}{h_i} + \frac{g_i}{1-\alpha} + \delta)\hat{k_i}$$

$$\Delta\hat{k_i}/\hat{k_i} = s_i \bullet \widehat{k_i^{\alpha-1}} - (n_i + \frac{\Delta h_i}{h_i} + \frac{g_i}{1-\alpha} + \delta)$$

$$\Delta k_i/k_i = \Delta\hat{k_i}/\hat{k_i} + \frac{\Delta h_i}{h_i} + \frac{g_i}{1-\alpha}$$

$$\Delta K_i/K_i = \Delta\hat{k_i}/\hat{k_i} + \frac{\Delta h_i}{h_i} + \frac{g_i}{1-\alpha} + n_i$$

- 정상 상태(Steady state)의 Y, K의 경제성장률: $n_i + \frac{\Delta h_i}{h_i} + \frac{g_i}{1-\alpha}$

- 자본의 한계생산성은 $MPK_t = f'(\hat{k_t}) = \alpha \bullet \widehat{k_i^{\alpha-1}}$로 정상 상태에서 일정하다.

하락하는, 이른바 '소득의 조건부 수렴'(conditional convergence of income)을 예측한다. 즉, 한 나라의 경제가 정상 상태에서 멀리 있을수록 현재의 낮은 수준의 물적, 인적 자본이 더 높은 한계생산성을 갖게 되고, 또한 선진 기술 도입이나 기술의 모방을 통해 현재의 낮은 기술 수준을 더 빠른 속도로 높여 가기가 용이하기 때문에 성장률이 높게 나타난다. 과거 중국, 대만, 남한을 포함한 동아시아 국가들이 빠른 속도로 경제성장을 할 수 있었던 것도 근본적으로는 정상 상태로 수렴하는 과정상에서 자연스럽게 나타나는 현상이라 할 수 있다. 따라서 북한이 경제를 개방하고, 제도적 안정성을 갖춘 이후 자본을 축적하고 선진 기술을 도입한다면 빠른 속도로 성장할 것을 예측할 수 있다.

2) 남북한 성장의 기본 시나리오

기본 시나리오에서는 북한 경제가 현재의 체제를 유지하여 경제 침체가 계속되는 시나리오 A와 북한이 개혁과 개방을 하여 성장 잠재력이 높아지는 개혁 개방 시나리오 B로 나누어 분석하였다.

먼저 경제통합을 고려하지 않는 경우의 남북한의 분단 시나리오(A)를 살펴보면, 남북한 간의 경제적 통합이나 정치적 통일을 전혀 고려하지 않고 분리된 두 국가로 교류가 단절되어 있는 것을 가정하였다.

(1) 기본 시나리오 A: 북한의 현 체제 지속

기본 시나리오 A에서는 특별히 북한 경제가 지금의 자급자족과 중앙

집권적 계획 경제를 계속 유지하면서, 경제 운영에 있어 임기응변적인 대응(muddling through)을 할 것으로 가정하였다.

우선, 남북한의 노동력 증가율은 UN, World Population Prospects: The 2012 Revision의 15세 이상 인구가 계속해서 2012년도 경제 활동 참가율의 수준(남한, 61.1%, 북한 70.2%)으로 생산에 참여한다는 가정 하에 계산되었다. 남한의 노동력 증가율은 2010~2020년 평균 0.79% 수준에서 2040~2050년 평균 -0.16 % 수준으로 하락할 전망이다. 북한의 노동력 증가율은 2010~2020년 평균 0.84% 수준에서 2040~2050년 평균 0.10% 수준으로 하락할 전망이다.

남북한의 기술 진보율의 경우 남한의 기술 진보율은 현재의 연 1.1%를 계속 유지하는 것으로 가정하였고, 북한의 기술 진보율은 낮은 수준의 경제성장률 추이를 고려하여 연 0.1%로 유지되는 것을 가정하였다.

2015년의 남북한 인적 자본(h)은 앞서 가정한대로 평균 교육연수로 측정하여 남한이 12년, 북한이 6년 수준인 것으로 가정하였다. 남한은 이후 매년 0.7%씩 평균 교육연수가 상승하고, 북한도 매년 1%씩 평균 교육연수가 상승하는 것을 가정하였다. 이 경우 남한이 2050년에 이르러 평균 15.3년 수준의 인적 자본을 축적하게 되고, 북한이 2050년에 이르러 평균 8.5년의 인적 자본을 축적하게 된다.[8]

남북한의 저축률은 남한의 경우 현재 저축률(32%)이 다른 선진국에 비해 매우 높은 수준인데, 본 연구에서는 남한의 저축률이 2020년 이후부터 1년마다 0.25%p 하락하여 2050년에는 24.5%가 되는 것으로 가정하였다.

8_2050년 남한의 평균 교육연수 15.3년은 성인 인구의 80%가 대학 졸업자이고 20%가 고등학교 졸업의 학력을 가지는 경우로 상당한 인적 자본의 축적을 가정하고 있다.

따라서 남한의 경제성장률은 노동력 증가율 감소와 저축률의 감소로 인해 계속 하락할 것으로 예상된다. 북한의 저축률은 남한의 기준년도 저축률 수준을 감안하여 32% 수준으로 지속될 것을 가정하였다.

마지막으로 남북한 간의 실질 GDP의 값을 직접적으로 비교하기 위하여 북한의 원화 가치를 남한의 현재(2010년 기준) 원화 가치로 환산하였다. 남한과 북한의 원화에 대한 공식적인 환율이 존재하지 않기 때문에, Rogoff(1996)가 제시한 1인당 GDP의 1% 상승이 실질 환율의 0.37% 상승으로 이어진다는 추정치를 사용하여 남한을 기준으로 북한 1인당 GDP 성장률의 변화에 따른 남북한의 실질 환율의 변화를 산출하고, 추정된 실질 환율의 변화를 통해 남한의 현재 원화를 기준으로 환산된 북한의 GDP를 계산하였다. 남북한의 지표 간 효과적인 비교를 위해 이러한 환산을 앞으로 다룰 모든 시나리오에 있어 공통적으로 적용하였다.

(2) 기본 시나리오 B: 북한의 개혁 개방

개혁·개방 시나리오에서는 북한 경제가 현재의 침체된 상황에서 벗어나 지속적인 성장을 이루기 위해 현 경제제도 및 경제정책을 점진적으로 개혁해 나간다고 가정하였다.

성장에 관한 문헌들은 한 국가의 경제성장은 크게 네 가지 요소—제도의 질적 수준, 국제 무역의 개방도, 저축률, 인적 자본—에 의해 결정되는 것으로 강조하고 있다. 제도의 질적 수준(quality of institution)은 재산권의 보호 정도와 시장질서에 대한 정부 개입의 효율성 정도를 의미하며 경제성장과 밀접한 관계를 갖는다. 국제 무역의 개방은 저렴한 수입 중간재의 활용 가능성을 높이고 더 넓은 시장, 첨단 기술로의 접근을 용이하게 하여 경제성장에 기여한다. 높은 수준의 저축률과 인적 자본은 신고전학파 성장 모형에 의하면 더 높은 정상 상태의 국민소득을 달성할 수 있도록 하고, 정상 상태에 이를 때까지의 성장의 이동 경로에서 경제성장률을 높인다. 또한, 내생적 성장 모형에 의하면 인적 자본은 기술 혁신 및 신기술 도입 능력을 높여서 지속적인 경제성장에 주요한 역할을 한다.

만약 북한이 시장 중심의 개혁과 개방 정책을 편다면, 동아시아의 네 마리 용으로 불리는 국가들—싱가포르, 홍콩, 대만, 대한민국—이나 중국 경제가 최근까지 보여 준 경제성장의 기적을 북한 역시 이루어 낼 가능성이 있을 것이다. 이종화(2000)는 만약 북한이 시장경제로의 개혁을 하고 무역 및 해외 투자를 적극적으로 개방해 나간다면 상당한 고성장을 이룩할 수 있을 것으로 분석하고, 과거 중국의 경우와 같은 점진적인 개혁의 시나리오 하에서 북한이 향후 25년간 연평균 5% 이상의 고도성장을 할 수 있는 잠재력을 가지고 있는 것으로 추정하고 있다.

기존의 연구 결과와 북한의 성장 잠재력을 바탕으로, 본 연구에서는 북한의 개혁·개방이 다음과 같은 구체적인 효과를 가져 올 것으로 가정하였다.

i) 북한의 투자율 상승

북한의 개혁·개방으로 인해 북한에 대한 남한의 투자가 증가할 것이다. 대표적으로 북한의 천연자원을 개발하는 산업과 관광산업이 주된 투자 분야가 될 것이고, 이러한 투자 증가는 북한 경제의 투자율을 5%p 상승시키도록 반영하였다(32%에서 37%로 상승). 그러나 이는 순전히 남한의 투자 증가분만을 고려한 것이고, 북한으로의 해외 자본의 투자 가능성을 고려한다면 더 높은 수준의 투자율과 더 높은 수준의 경제적 편익이 발생할 가능성도 존재한다. 하지만 앞서 언급한 바와 같이 본 연구는 한반도 통일 당사자에 초점을 맞추어 논의를 전개하기 때문에 해외 자본의 투자로 인한 북한의 투자율 상승은 명시적으로 고려하지 않았다. 5%p 상승분에 해외로부터의 투자의 일부가 포함된 것으로 보아도 무방할 것이다.

ii) 기술 진보 속도 향상

과거 사회주의 국가에서 시장경제로 개혁을 이룬 국가들의 경험을 비추어 볼 때, 개방 후 10년간 개방의 효과를 통해 북한의 총 요소 생산성이 빠르게 증가하고, 개방 10년 이후부터는 그 속도가 점차 둔화될 것으로 기대된다. 따라서 각 기간에 따라 총 요소 생산성의 변화가 2015~2025년 연평균 1.98% 수준으로 높아질 것으로 가정하고, 2026~2035년에는 연평균 1.65% 수준으로 떨어지다가, 2035년 이후부터는 연평균 1.1% 수준에 도달할 것으로 가정하였다.[9]

iii) 인적 자본 축적 속도 향상

북한의 개혁 개방은 북한의 교육 수준의 향상 속도에도 영향을 미칠 것이다. 개방을 통해 새롭게 교육제도가 개편되고, 높은 수준의 교과서 및 서적이 도입되며, 향상된 소득 수준이 더 높은 수준의 교육을 가능하게 하기 때문이다. 개방 이후, 북한의 평균 교육연수는 2050년에 이르러 평균 10년

9_이 값들을 총 요소 생산성 증가가 정상 상태에서 GDP성장률에 미치는 순효과로 환산하면 각각 3.5%, 3%, 2%에 해당한다.

그림 2-4 | 남한의 GDP 성장 경로(2005년 기준 가격, 단위: 십억 원)

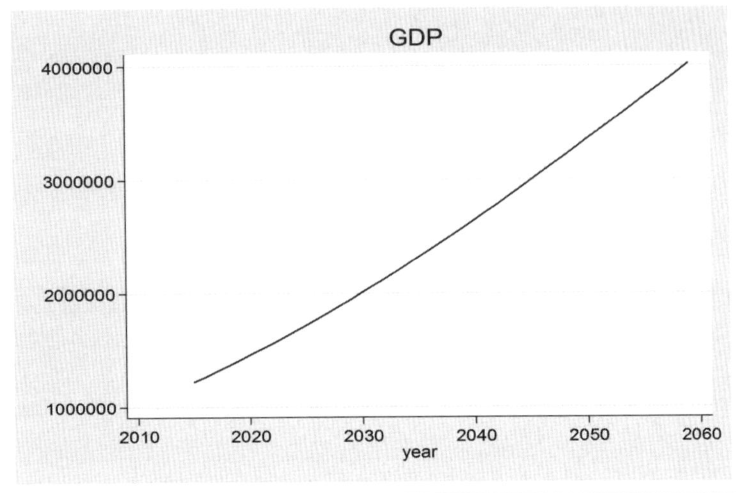

에 이를 수 있도록, 기존 북한의 현 체제 유지 시나리오 A에서 가정한 연 1%보다 빠르게 매년 1.5%씩 증가하는 것으로 가정하였다.

(3) 남한의 기본 성장 시나리오

앞서 논의한 시나리오 A와 B에서 남한의 성장 경로에는 차이가 없다. 북한의 개방만으로는 사실상 남한 경제에 돌아오는 혜택이 없거나 아주 작기 때문이다. 남한의 GDP는 2015년의 1,224조 원에서 2050년 3,356조 원으로 증가할 것으로 추정된다(〈그림 2-4〉). 남한 경제는 2015년 3.62%의 경제성장률을 보인 후 점차 그 성장 속도가 둔화되어 2050년에는 2.13%의 성장률을 보일 것으로 가정하였다. 경제성장 속도가 둔화되는 현상은

그림 2-5 | 남한의 1인당 GDP 성장 경로(2005년 기준 가격, 단위: 백만 원)

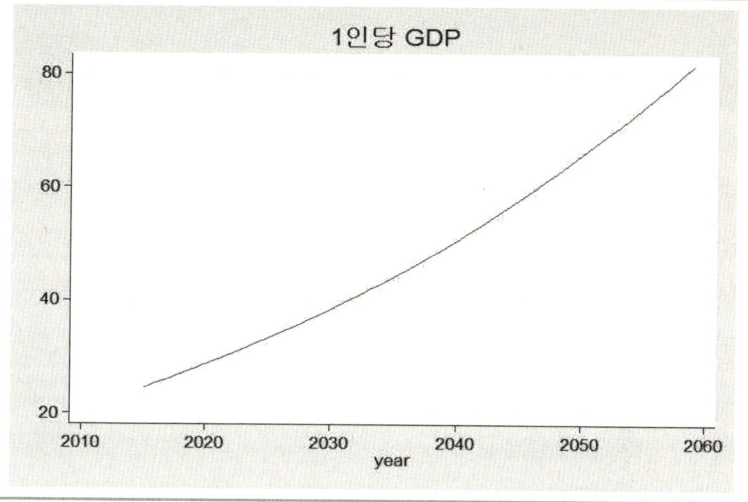

앞서 언급한 조건부 수렴 현상에 의해 자연스러운 것으로 해석된다. 그러므로 2015년부터 2050년까지의 35년간 남한의 평균 경제성장률은 2.90%가 된다. 2050년 남한의 1인당 GDP는 6,576만 원이 되는데 이는 2015년의 1인당 GDP수준인 2,460만 원의 2.7배에 달하는 수준이다(〈그림 2-5〉).

(4) 북한의 기본 성장 시나리오 비교

2050년 북한의 GDP는 분단 시나리오 A에서는 58조 원, 개방 시나리오 B에서는 145조 원으로 약 2.5배 차이가 날 것으로 보인다(〈그림 2-6〉). 2015부터 2050년까지 35년간 북한의 연평균 경제성장률의 경우, 분단 시나리오 A는 2.09%, 개방 시나리오 B는 4.81%로 추정된다. 시나리오 A에

그림 2-6 | 북한의 GDP 성장 경로 비교(2005년 기준 가격, 단위: 십억 원)

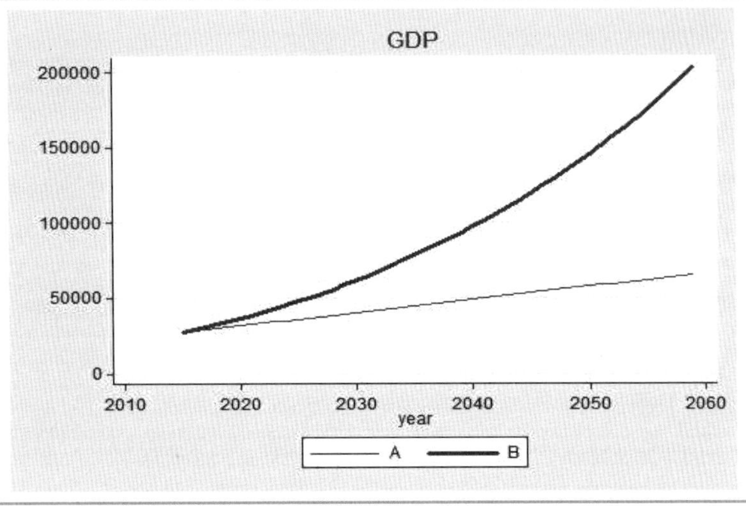

서는 북한 경제가 2015년 2.81%의 경제성장률을 보인 후, 그 성장 속도가 둔화되어 2050년에는 1.50% 수준에 머물게 된다. 반면, B의 시나리오에서는 북한 경제가 2015년 5.65%의 빠른 경제성장률을 시작으로, 2050년에 들어서 점차 둔화되어 3.87%의 성장 속도를 보일 것으로 계산되었다. 2050년 1인당 GDP는 시나리오 A의 경우 213만 원, 시나리오 B의 경우 536만 원으로 두 시나리오의 1인당 GDP는 GDP의 차이와 마찬가지로 약 2.5배 차이가 난다(〈그림 2-7〉). 시나리오 A에서 2050년 북한의 GDP(경제 규모)는 남한의 1970년 GDP(경제 규모)와 비슷한 수준이며 1인당 GDP 역시 남한의 1970년의 1인당 GDP 수준과 비슷하다. 교류 없이 분단을 유지할 경우, 추후 35년의 시간이 흘러도 북한 경제는 오늘날 남한의 30년 전 과거보다 후진적인 경제 수준에 머물 수밖에 없는 것이다. 반면, 시나리오

그림 2-7 | 북한의 1인당 GDP 성장 경로(2005년 기준 가격, 단위: 백만 원)

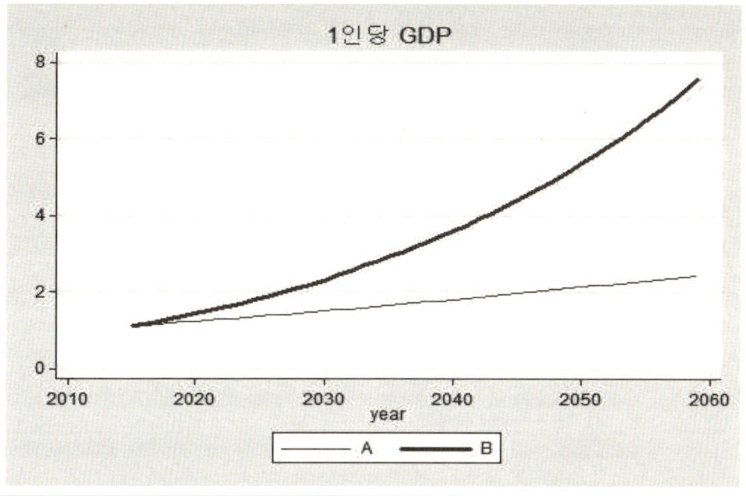

B의 경우, 북한의 2050년 1인당 GDP 추정치 536만 원은 남한의 2050년 1인당 GDP 추정치 6,576만 원의 10분의 1에 지나지 않으나, 2015년에 북한의 1인당 GDP가 남한의 20분의 1 수준이었음을 감안할 때 격차를 크게 줄인 것으로 볼 수 있다.

3) 통합의 시나리오와 혜택 추정

남북한 경제통합은 북한의 개혁·개방을 전제로 이루어지는 것으로 보는 것이 현실적이다. 따라서 기본 시나리오에서 개혁·개방(B)을 전제로 남북한이 경제적으로 통합되어 가는 시나리오를 구체적으로 세 가지(B1, B2,

그림 2-8 | 국방 인력 감축 시의 남북한 노동력 비교(단위: 1,000명)

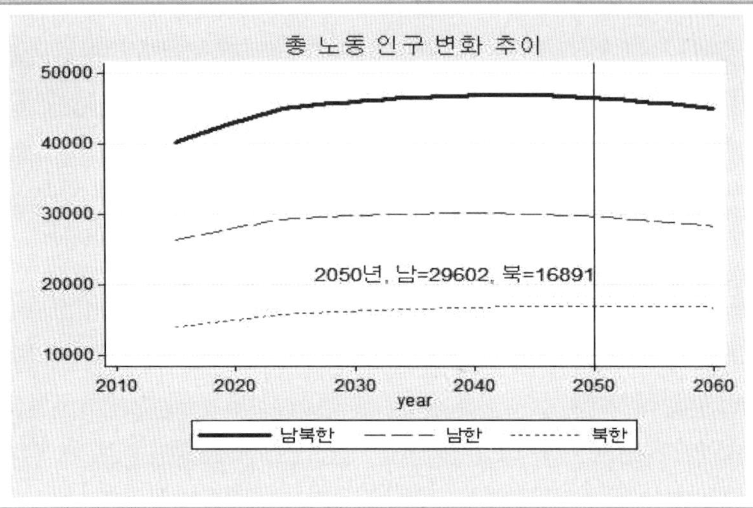

B3)로 분류하였다.

(1) 방위비 절감 혜택(B1)

i) 국방 인력의 점진적 감축

2015년 기준으로 예측한 남한 전체 인구 대비 국방 인력이 차지하는 비중은 1.29%이다. 시나리오 B1에서는 북한의 개혁 개방과 더불어 남북한이 경제적 통합을 추진하면서, 2015년부터 2025년까지 향후 10년에 걸쳐 국방 인력을 일정한 비율로 감축하여 통일 시점인 2025년부터는 국방 인력의 비중이 0.5%(OECD 국가의 평균치) 수준을 유지하는 것을 가정하였다. 이러한 국방 인력 감축은 남한 전체 노동력 대비 국방 인력 비중인 2.46%를 약 0.95% 수준으로 감축하는 것에 해당한다.

북한도 전체 인구 대비 현재의 4.73%에 해당하는 국방 병력을 남한과 동일하게 10년에 걸쳐 0.5% 수준까지 감축하는 것으로 가정하였다. 이는 북한 전체 노동력 대비 국방 인력 비중인 8.55%에서 약 0.90% 수준으로 감축하는 것에 해당한다.

ii) 국방비 감축에 따른 투자율의 점진적 상승

남한의 국방비 수준을 기준년도 GDP 대비 2.52%에서 1.52%로 10년에 걸쳐 점진적으로 감축하는 것을 가정하였다. 이렇게 감축된 국방비는 가정에 따라 국가경제의 생산 부문에 대한 자본 투자로 이어지기 때문에, 남한 투자율을 10년에 걸쳐 1%p 상승시키는 효과가 있다. 따라서 개방 시나리오 B에서는 저축률이 2015년 32%에서 점차 하락하여 2050년에 24.5% 수준이 되는 반면, 국방비 감축으로 인해 최종적으로 1%p 상승한 25.5% 수준으로 하락하게 된다.

북한의 국방비는 기준년도 GDP 대비 15%에서 5%로 10년에 걸쳐 점진적으로 감축하는 것으로 가정한다. 이는 북한 투자율을 10년에 걸쳐 점진적으로 10%p 상승시키는 효과가 있다. 따라서 저축률이 2015년 37%에서 2050년 47%로 상승하게 된다.

(2) 남북 협력 사업(B2)

북한의 개혁 개방과 더불어 남북 간 협력 사업이 진행, 확장되는 시나리오 B2를 가정하였다. 2015년 이후로 2025년까지 10년에 걸쳐 매년 1%씩 점진적으로 총 10%의 북한 노동력을 남한에 고용하여 생산에 가담시킨다고 가정(2025년 이후 150만 이상의 북한 노동력이 남북 협력 사업에 계속하여 종사함)하는데, 이로 인해 남북한 양국 모두의 GDP가 증가하는 효과가 발생한다. 이는 개성공단과 같은 15만 명 규모의 공단이 2025년 통일까지 매년 1개씩 증설되는 것과 같은 효과이다.

2015년 이후 20년간 공단의 총 생산량 중에서 남한의 최저임금의 50%에 해당하는 소득만큼이 북한에 귀속되고, 2035년 이후로는 점진적으로 북한으로 귀속되는 몫을 늘려 나가 2045년 이후부터는 남한의 최저임금과 동일한 수준의 소득만큼이 북한에 귀속되는 것을 가정하였다. 이는 인적 자본의 차이를 통해 북한의 노동자와 남한의 노동자 간의 생산성 차이를 고려하여 책정한 임금 체계이다. 독일의 경우, 갑작스런 통일 과정에서 생산성을 고려하지 않고 서독과 동독 노동자들의 임금 수준을 통일하여 국가적으로 큰 손실을 초래한 전례가 있다. 통일 직후, 동독 노동자의 임금이 과대평가되어 과도한 비용 부담을 안은 채 많은 동독 기업들이 도산한 것이 대표적인 사례이다. 본 연구에서는 독일의 경우를 반면교사로 삼아 통일 혜택을 극대화하기 위한 점진적인 경제적 통합의 일환으로서 생산성을 반영한 임금 체계를 고려하였다.

협력 사업 중 북한으로 귀속되는 부분은 2015년 기준 북한 GDP의 2% 수준에서 2025년 15.8%로 대폭 증가하고, 2050년에는 22.3% 수준에 이르게 되어 북한 경제에 있어 큰 비중을 차지하게 된다. 이는 2015년 이후 10년간 협력 사업에 참여하는 북한 노동력이 점진적으로 증가하고 노동자들의 인적 자본이 향상되어 생산량이 증가하는 것과, 2035년 이후로 10년에 걸쳐 북한 노동력의 임금이 점진적으로 남한의 최저임금과 같은 수준으

로 상향 조정되는 효과를 모두 반영하는 결과이다.[10]

남한의 협력 사업 투자에 의한 북한의 GDP 증가는 사실상 북한 노동력이 협력 사업으로 증가한 자본을 통해 더 많은 생산을 하고 그 생산물을 북한 경제에 귀속시키는 방식이기 때문에, 북한의 투자율 증가에 따른 자본 축적 증가와 같은 효과를 갖게 된다.

(3) 남북한 교역의 확대(B3)

북한의 개혁 개방과 더불어 남북한 교역이 확대되어 교역 확대가 남북한에 추가적으로 영향을 주는 시나리오 B3를 가정하였다. GDP 대비 무역 규모가 1% 늘어날 때 경제성장률은 0.01% 늘어나는 효과가 있음이 추정되었다. 이는 기존의 관련 문헌에서 무역 규모와 경제성장률의 관계를 분석하여 도출한 결론이다(Lee and Barro, 2011).

제3장의 분석을 바탕으로 북한의 개혁 개방을 통한 남북한 경제통합 시 남한의 경우 북한과의 교역 확대를 통해 GDP 대비 무역 규모가 1% 늘어나는 것으로 가정하였고, 북한의 경우 남한과의 무역 규모가 2015년 GDP 대비 10% 수준에서 점진적으로 10년에 걸쳐 50% 수준으로 증가한 후(선형적인 증가를 가정하였음), 같은 수준으로 유지되는 것으로 가정하였다. 무역 규모 증가에 따른 경제성장률 상승은 총 요소 생산성 증가율을 상

10_만일 통일이 기간 중에 발생하여 북한의 노동이 남한 또는 국제사회의 자본과 즉각적으로 결합되는 시나리오를 가정하면 더 많은 북한 노동이 협력 사업에 종사하거나 남한으로 이주하여 일자리를 찾을 수도 있을 것이다. 이 경우 북한 노동의 고용 정도와 임금의 변화가 어떻게 정해지느냐에 따라 남북한의 통합 혜택의 크기가 달라질 것이다.

향 조정하는 방식으로 모형에 적용하였다. 따라서 남북한 교역의 확대는 남한의 기술 진보율을 교역 확대 이전에 비해 0.01%p만큼 상승시키고, 북한의 기술 진보율은 2015년 0.1%p에서 2025년까지 0.5%p만큼 증가시키며, 이후 2050년까지는 같은 수준으로 유지되는 것으로 가정하였다.

4) 남북한 경제협력의 혜택 추정 결과

(1) 남한의 혜택

앞서 기본 시나리오에서 살펴본 바와 같이, 분단 상황의 2015년 남한 GDP는 1,224.1조 원, 2015년 1인당 GDP 2,460만 원이다. 모형을 통해 시나리오별로 남한의 GDP와 1인당 GDP의 변화 추이를 도출한 결과는 〈그림 2-9〉와 같다. 각 시나리오의 경제성장률을 〈표 2-5〉로 정리하였다.

분단 시나리오 A 또는 개혁·개방 시나리오 B에 따른 2050년 남한의 예상 GDP 3,356조 원이며 시나리오 B1에 따르면 예상 GDP는 3,653조 원, 시나리오 B2에 따른 예상 GDP는 3,440조 원, 시나리오 B3에 따른 예상 GDP 3,364조 원으로 각각 추계되었다. 각각의 경우에 2015~2050년간 남한의 평균 경제성장률은 시나리오에 따라 시나리오 A 와 B는 2.90%, 시나리오 B1은 3.15%, 시나리오 B2는 2.97%, 시나리오 B3는 2.91%로 추정되었다. 만약 시나리오 B1, B2, B3의 추가 가정들이 모두 함께 나타나는 것을 가정하는 경우(B123) 2050년 남한의 예상 GDP는 3,988조 원에 달하며 이 경우 2015~2050년간 평균 경제성장률은 3.22% 수준이 될 것으로 나타났다. 마지막으로 2050년 남한의 예상 1인당 GDP는 기본 시나

표 2-5 | 시나리오별 남한의 경제성장률 비교

기간	남한의 연평균 경제성장률 (단위: %)					
	시나리오 A	시나리오 B	시나리오 B1	시나리오 B2	시나리오 B3	시나리오 B123
2015~2050	2.90	2.90	3.15	2.97	2.91	3.22
2015~2024	3.46	3.46	4.04	3.70	3.46	4.25
2041~2050	2.36	2.36	2.44	2.37	2.37	2.46
2015	3.62	3.62	4.58	3.83	3.62	4.80
2050	2.13	2.13	2.21	2.17	2.14	2.25

리오 A와 B의 경우 6,576만 원, 시나리오 B1은 7,158만 원, 시나리오 B2는 6,741만 원, 시나리오 B3은 6,593만 원, 시나리오 B123은 7,332만 원으로 추정되었다.

개별적인 시나리오 중에서는 시나리오 B1(국방비 및 국방 인력 감축)이 35년에 걸쳐 평균적으로 가장 높은 3.15%의 경제성장률을 보일 것으로 분석된다. 이는 국방 인력 감축을 통해 이미 높은 수준의 인적 자본과 기술 수준을 갖춘 남한의 노동력이 증가하게 되면서 국가적으로 큰 혜택이 발생할 수 있음을 의미한다. 또한, 많은 선진국이 겪은 바와 같이 감소 추세에 있는 투자율을 상향시킴으로써 더욱 빠른 경제성장을 가능하게 할 것임을 보여 준다.

각 시나리오를 통해 보면 2015년에서 이후 10년에 걸친 경제성장률에서는 큰 차이를 보이지만, 2050년으로 시간이 지나면서 비슷한 수준의 경제성장률로 수렴하는 것을 확인할 수 있다. 이것은 경제성장 모형이 특징으로 하는 장기 균형 정상 상태로의 수렴을 의미한다.

그림 2-9 | 시나리오별 남한의 GDP 추이 비교(2015년 기준 가격, 단위: 십억 원)

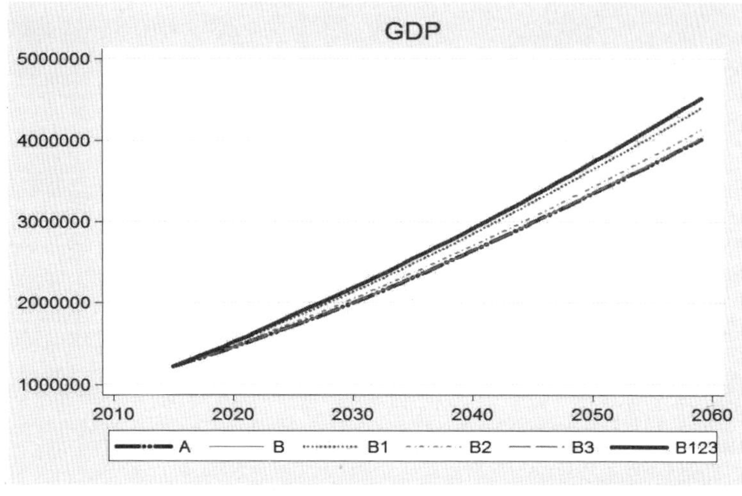

그림 2-10 | 시나리오별 남한의 1인당 GDP 추이 비교(2015년 기준 가격, 단위: 백만 원)

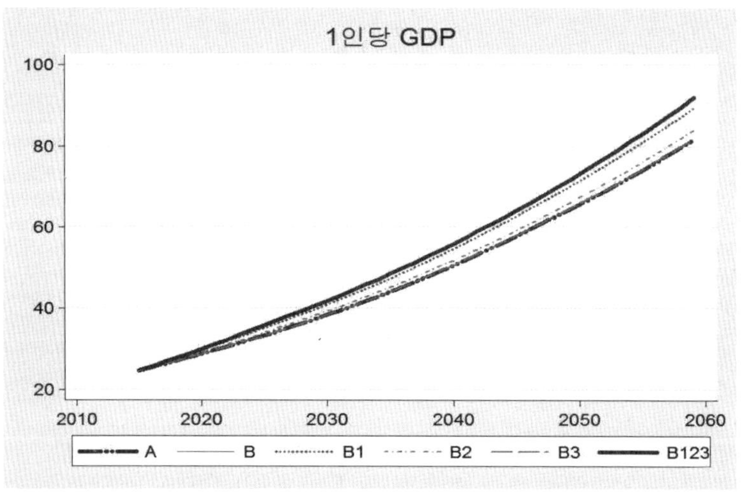

(2) 북한

앞서 살펴본 바와 같이, 분단 상황의 2015년 북한의 예상 GDP는 27.8조 원, 2015년 1인당 GDP는 111만 원이다. 모형을 통해 시나리오별로 북한의 GDP와 1인당 GDP의 변화 추이를 도출한 결과는 〈그림 2-11〉과 같다. 또한 각 시나리오의 북한의 경제성장률을 〈표 2-6〉로 정리하였다.

분단 시나리오 A의 경우 2050년 북한의 예상 GDP는 58조 원, 개혁·개방 시나리오 B의 경우 2050년 북한의 예상 GDP는 145조 원, 시나리오 B1의 경우 예상 GDP는 180조 원, 시나리오 B2의 경우 예상 GDP는 178조 원, 시나리오 B3의 경우 예상 GDP는 163조 원으로 각각 추계되었다. 각각의 경우에 2015~2050년간 북한의 평균 경제성장률은 시나리오 A의 경우 2.09%, 시나리오 B의 경우 4.81%, 시나리오 B1은 5.45%, 시나리오 B2는 5.39%, 시나리오 B3은 5.16%로 추정되었다. 시나리오 B1, B2, B3을 모두 함께 가정하는 경우 2050년 북한의 예상 GDP는 231.7조 원에 달하며, 이 경우 2015~2050년간 북한의 평균 경제성장률은 6.19%로 매우 빠른 속도의 경제성장이 가능할 것으로 추정되었다. 2050년 북한의 예상 1인당 GDP는 분단 시나리오 A의 경우 213만 원, 개혁·개방 시나리오 B의 경우 536만 원, 시나리오 B1의 경우 665만 원, 시나리오 B2의 경우 656만 원, 시나리오 B3의 경우 604만 원, 시나리오 B123의 경우 북한의 예상 1인당 GDP는 856만 원으로 추정되었다.

개별적인 시나리오 중에서는 시나리오 B1(국방비 및 국방 인력 감축)이 역시 남한의 경우와 마찬가지로 35년에 걸쳐 평균적으로 가장 높은 5.45%의 경제성장률을 보일 것으로 분석된다. 시나리오 B2(남북 협력 사업)의 경우 2015년부터 2024년까지 10년간 7.12%의 빠른 성장을 이끌 것으로 기대되

표 2-6 | 시나리오별 북한의 경제성장률 비교

기간 (관찰 수)	북한의 연평균 경제성장률 (단위: %)					
	시나리오 A	시나리오 B	시나리오 B1	시나리오 B2	시나리오 B3	시나리오 B123
2015~2050	2.09	4.81	5.45	5.39	5.16	6.19
2015~2024	2.56	5.56	6.61	7.12	5.77	8.18
2041~2050	1.65	4.05	4.32	4.24	4.49	4.79
2015	2.81	5.65	6.23	7.78	5.73	8.45
2050	1.50	3.87	4.08	3.48	4.32	4.09

는데, 2025년 통일 이후에는 그 성장 속도가 점차 둔화되는 것으로 나타났다. 따라서 통일 이전의 점진적인 개방 시나리오에서 남북한 협력 사업이 북한 경제를 빠른 속도로 발전시켜 양국 간 경제의 격차를 줄이는 데에 큰 도움을 줄 것으로 기대된다. 통일 이후에는 높은 성장률을 보이는 시나리오 B3(남북한 교역의 확대) 또한 북한 경제 발전에 크게 기여할 것으로 기대된다.

(3) 시나리오별 남북한 간 성장 경로 비교

본 연구에서는 실질 환율의 변화를 고려하여 현재의 원화 기준으로 북한의 GDP의 가치를 표시하였기 때문에 남북한 성장 경로 간의 직접적인 비교가 가능하다. 〈표 2-7〉은 시나리오별로 2050년의 북한의 GDP, 북한의 1인당 GDP, 그리고 남북한 GDP 및 1인당 GDP 격차의 추정치를 정리하였다.

분단 시나리오 A의 경우, 남북한 간 경제 규모(GDP)의 격차가 2050년에 58.4배에 달할 것으로 분석된다. 2015년의 남북한 간 경제 규모의 격차가 44배 수준임을 고려할 때, 이는 격차가 더 벌어진 결과이다. 따라서 남북 분단의 시나리오 A는 북한이 개혁·개방 없이 현재의 제도를 유지할 경우 남한의 경제성장 속도를 따라갈 수 없다는 사실을 잘 보여 준다. 또한,

그림 2-11 | 시나리오별 북한의 GDP 비교(2015년 기준 가격, 단위: 십억 원)

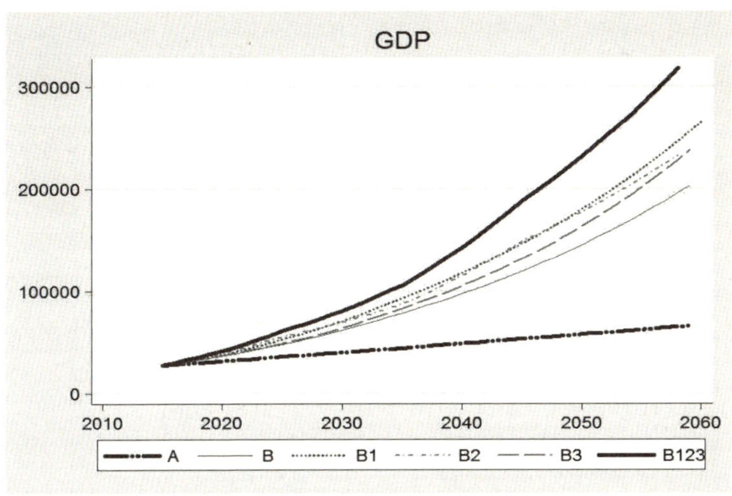

그림 2-12 | 시나리오별 북한의 1인당 GDP 비교(2015년 기준 가격, 단위: 백만 원)

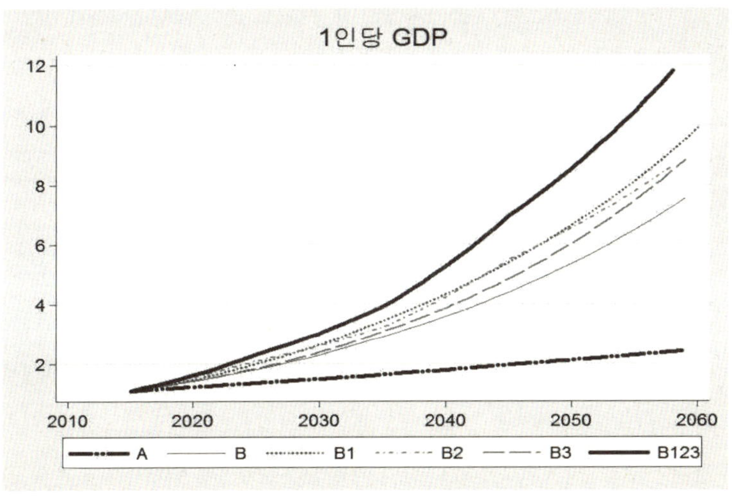

표 2-7 | 2050년의 남북한 GDP와 1인당 GDP의 남북한 간 격차 비교

	환산된 북한 GDP와 남북 간 격차 (2050년 기준)					
	시나리오 A	시나리오 B	시나리오 B1	시나리오 B2	시나리오 B3	시나리오 B123
북한의 GDP (십억 원)	57,456	145,974	181,224	178,196	164,550	233,031
북한의 1인당 GDP (백만 원)	2.12	5.39	6.69	6.58	6.08	8.61
남북한 GDP 격차 (남/북)	58.4 배	23.0 배	20.2 배	19.3 배	20.4 배	17.1 배
남북한 1인당 GDP 격차 (남/북)	31.0 배	12.2 배	10.7 배	10.2 배	10.8 배	8.5 배

2050년의 남북한의 1인당 GDP 격차는 시나리오 A에서 31배가 되는데, 이는 2015년의 22배 수준보다 1.5배 더 벌어진 결과이다.

반면, 북한이 개혁·개방을 하고, 남북한 경제통합의 모든 시나리오 B123이 전개된다면 남북한 경제 규모의 격차는 17.1배까지 줄어들고, 1인당 소득의 격차는 8.5배 수준까지 줄어들 것으로 분석되었다. 세 가지의 개별 통합 시나리오(B1, B2, B3) 중에서는 시나리오 B2(남북협력 사업)의 경우 남북한 간 격차를 가장 크게 줄이는 것으로 나타났다. 이것은 남북 경제협력이 남한 경제에도 적지 않은 혜택을 주지만, 특별히 북한에 매우 높은 수준의 혜택을 제공하는 사실을 반영한다.

이러한 결과는 반대로 남북한이 분단을 유지하다가 어느 순간 갑작스럽게 통일을 맞이하게 될 경우, 점진적으로 통일을 준비해 온 경우보다 훨씬 더 많은 소득 보전 비용과 높은 수준의 제도 변화에 대한 적응 비용을 지불해야만 할 것이라는 사실을 시사한다. 이와 관련하여서는 본 절의 '5. 통합의 비용과 혜택 비교'에서 더욱 자세히 논의하기로 한다.

〈그림 2-13〉은 남한과 북한의 경제성장 경로와 1인당 GDP의 변화 추

그림 2-13 | 현재의 대립 시나리오와 경제통합의 시나리오별 남북한 성장 경로 비교

A. 대립 지속(시나리오 A)

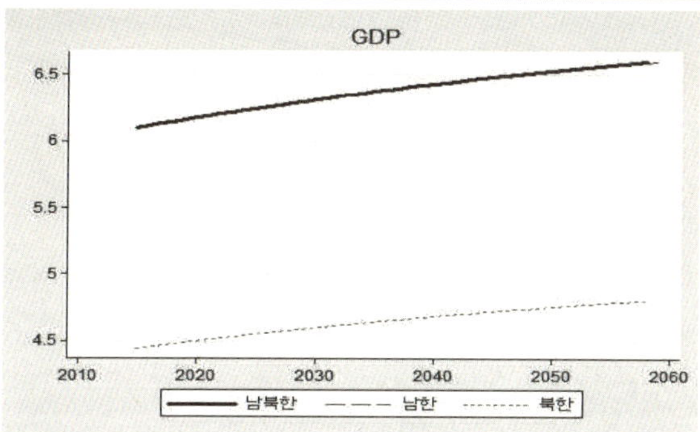

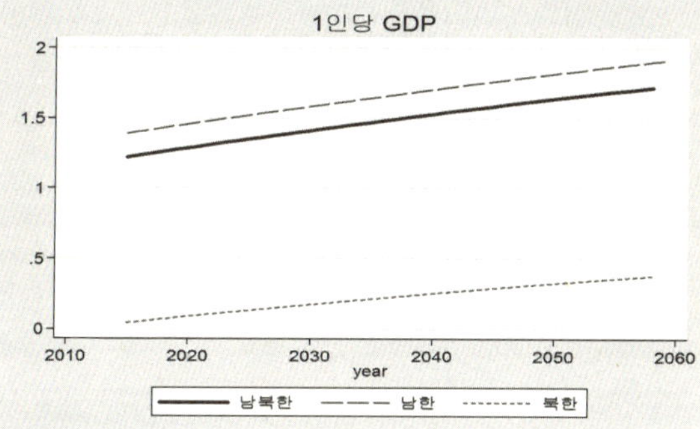

B. 북한의 개혁 개방(시나리오 B)

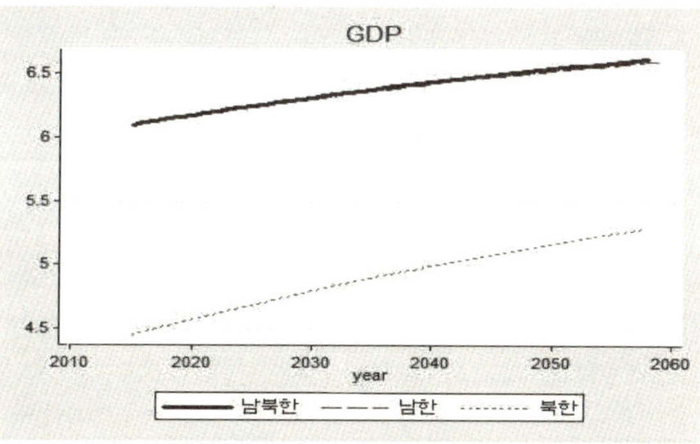

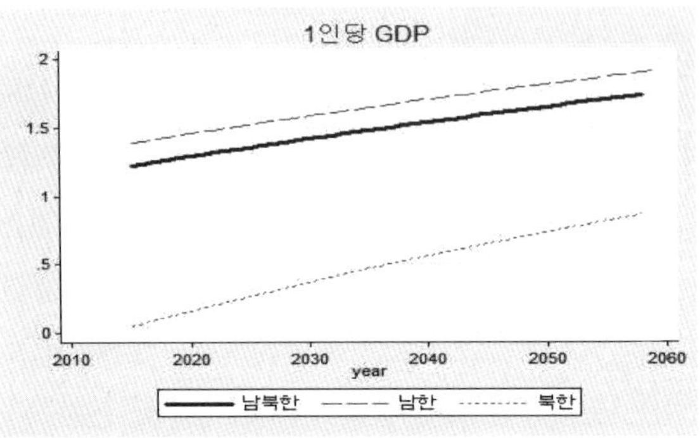

C. 북한의 개혁 개방과 국방 인력 및 국방비 축소(시나리오 B1)

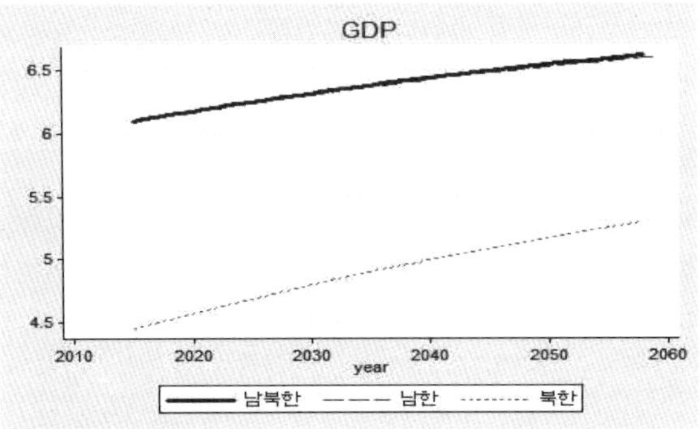

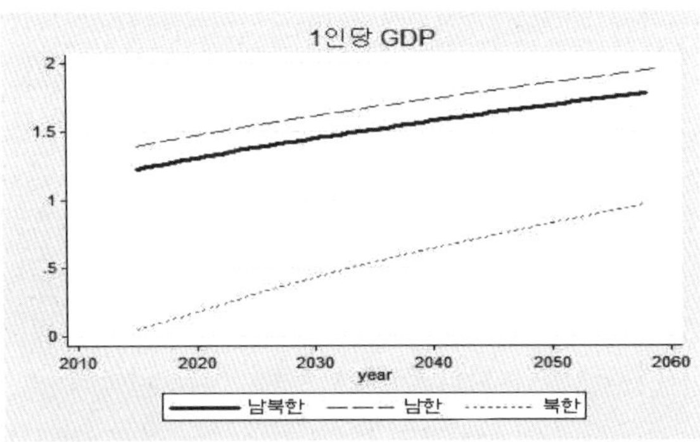

D. 북한의 개혁 개방과 남북 협력 사업 진행(시나리오 B2)

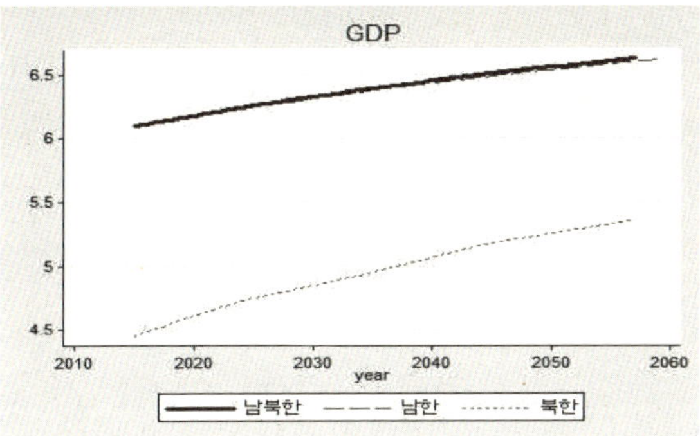

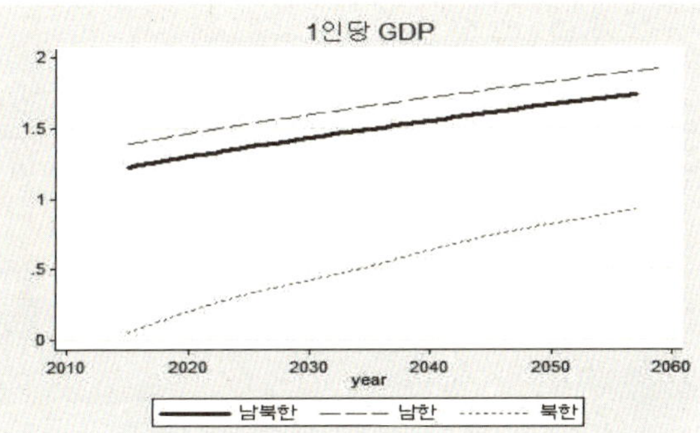

E. 북한의 개혁 개방과 남북 간 교역 확대(시나리오 B3)

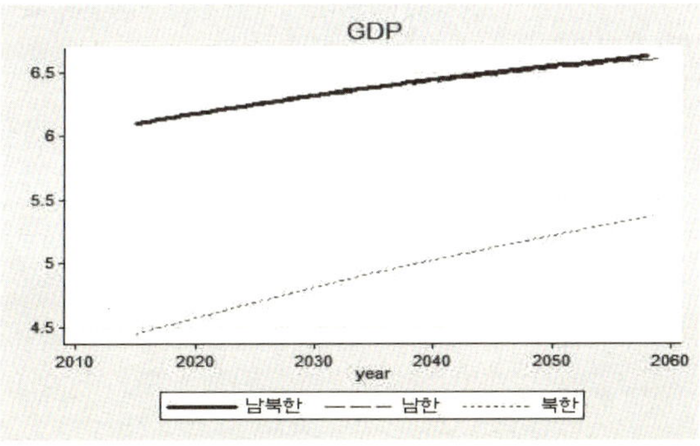

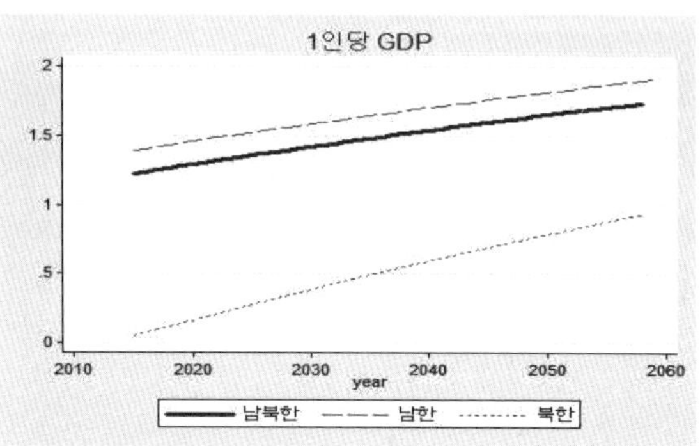

F. 북한의 개혁 개방과 경제통합 (시나리오 B123)

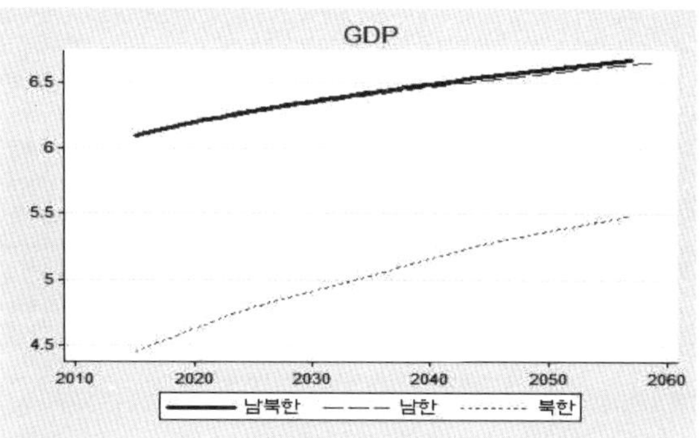

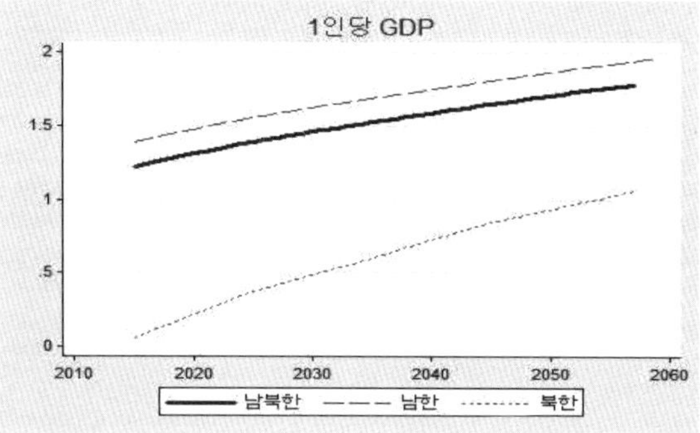

이를 나타낸 그래프이다. 남북한의 GDP 및 1인당 GDP의 격차가 크기 때문에, 양국의 이동 경로를 하나의 그래프 상에서 비교하기 위해 세로축에 로그스케일을 사용하였다. 대립을 지속하는 분단 시나리오 A의 경우 북한의 이동 경로상의 기울기는 남한의 기울기보다 낮다. 이는 남북한 경제의 격차가 시간이 흐를수록 더 커지는 것을 의미한다. 하지만 북한이 개방을 하고, 남북한이 경제통합을 해나간다면, 북한의 성장 경로상의 기울기는 상승하여 남한보다 높아진다. 그 변화는 시나리오 A와 시나리오 B123을 비교할 때 더욱 확연히 나타나며 이는 남북한 경제의 격차가 점차 줄어든 것을 의미한다.

(4) 2050년 남북한 GDP의 국제 비교

본 소절에서는 앞서 분석한 2050년의 남북한의 GDP 추정치와 OECD 장기 성장 추정 결과를 바탕으로 한 OECD 주요국의 예상 GDP를 비교하였다. 한국(남한)은 2012년 전 세계에서 G7 국가 중 미국, 일본, 독일, 영국, 프랑스, 이탈리아(6개국), BRICs인 중국, 인도, 러시아, 브라질(4개국)과 멕시코 다음으로 GDP 규모(구매력 평가, PPP 기준)가 큰 세계 12위의 국가이다. 〈그림 2-14〉에서는 남한이 2015년부터 2.9%대의 성장을 지속하는 기본 분단 시나리오 A에서 2050년의 예상 한국의 GDP를 비교하였는데 한국은 일본, 러시아, 영국에 여전히 GDP 규모가 뒤지며 순위에서도 큰 변화가 없는 11위로 추정되었다.

그러나 남북한이 경제통합을 해나갈 때 통합된 한반도(B123의 시나리오)의 경우 2050년 예상 통합 한반도의 GDP는 일본, 러시아, 영국을 추월하는 것으로 나타났다. OECD 국가들과 주요국들 사이에서 통합된 한반도는 중국, 인도, 미국, 인도네시아, 브라질, 멕시코 다음으로 큰 나라가 되며

그림 2-14 | 2050년 GDP의 국제 비교: 현상유지와 북한의 개혁·개방 및 경제통합 시나리오

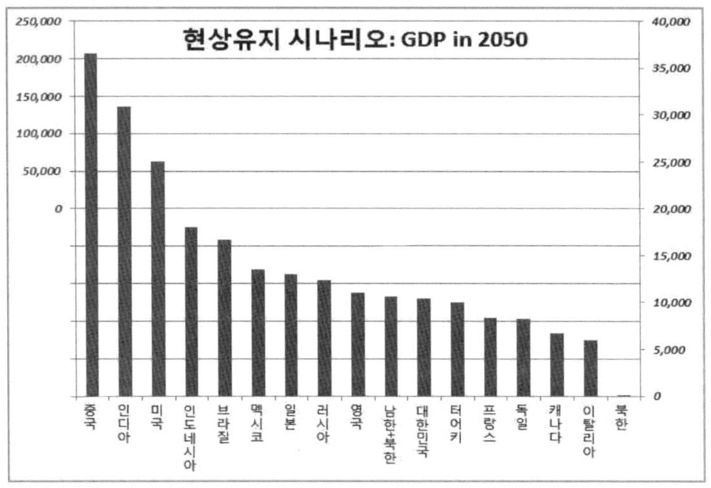

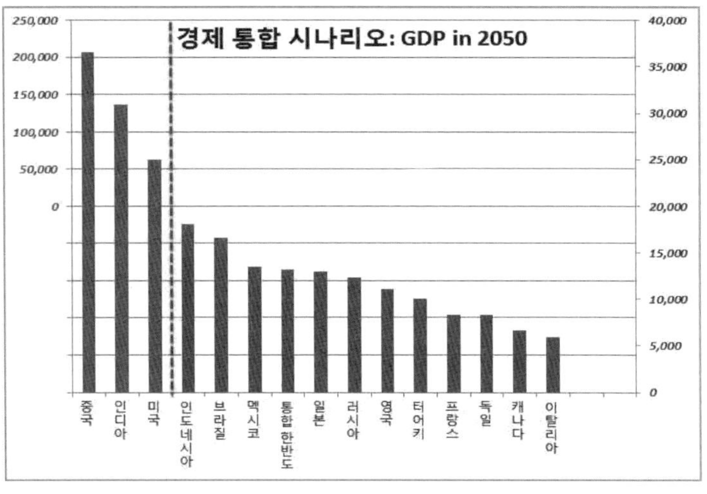

단위: PPP 조정한 2050년 현재 달러 가격 기준.

주: 한국의 값은 본 연구의 시나리오 A의 남북한과 시나리오 B123에서의 통합 한반도의 성장률 추정치를 IMF의 PPP 조정 2012년 GDP 추정치에 적용한 것이며, 한국을 제외한 다른 국가들의 2050년 전망치는 OECD(2013)가 예측한 성장률을 이용하여 추정하였다. 성장에 따른 실질 환율의 변화를 고려하여 2050년 현재 가격 미국 달러 값으로 환산하여 비교하였다.

GDP 규모 7위로 들어와 2050년의 'G7' 국가로 발돋움할 가능성이 있음을 보여 준다.[11]

본 연구의 추정과 비슷한 연구를 담고 있는 골드만삭스의 2009년 보고서(Kwon, 2009)는 통일로 인해 북한이 2050년까지 연 5.5% 수준의 경제성장을 할 수 있을 것이며 남한의 연평균 경제성장률은 0.3%p 만큼 더 높아지는 시나리오를 가정하여 2050년에 일본, 독일보다 통합 한반도의 GDP가 더 클 것으로 추정하였다. 그러나 골드만삭스 보고서의 추정 결과는 구매력 평가(PPP)를 조정하지 않은 미국 달러 가격으로 추정한 것으로 통일 후 북한의 통화 가치가 15년간 연 11%씩 크게 상승할 것으로 가정하고 있다는 점을 주목할 필요가 있다. 본 연구에서는 북한의 통화 가치의 변화가 현실적으로 반영되었음에도 시나리오에 따라 골드만삭스의 보고서보다 더 높은 수준의 통합 혜택이 도출되었기 때문에, 통일 한국이 여전히 G7 수준에 이를 수 있는 고성장이 가능할 것으로 분석된다.

5) 통합의 혜택과 비용 비교

(1) 통합 혜택의 추정치

지금까지 추정된 결과를 이용하여 남한과 북한의 2050년까지의 시나

11_표본에 포함되지 않은 국가들 중에 지금의 성장 속도를 지속하여 한국의 GDP를 2050년에 초과할 가능성이 있는 국가들이 있다. 예를 들어 아르헨티나, 사우디아라비아, 카타르, 이란 등이 잠재력이 있는 경쟁 국가들이다.

리오별로 경제통합으로 인한 경제적 혜택을 도출하였다. 혜택의 계산은 각 시나리오별로 추정된 GDP와 기본 분단 시나리오(A)에서 추정된 GDP의 차액을 누적한 현재 가치 합계를 구하였다. 추계한 결과는 2020년부터 10년 단위로 누적한 혜택의 값을 〈표 2-8〉에서 보여 주고 있다.

남한의 경우 2050년까지의 혜택은 각 시나리오별로 B1은 2,824조 원, B2는 938조 원, B3는 55조 원, B123는 3,763조 원에 달하는 것으로 추정되었다. 남한의 경우 개별 시나리오 중에서는 국방 인력 및 국방 비용 절감(B1)으로 인한 혜택이 가장 크고 남북 협력 사업 확대(B2)의 혜택이 그 다음으로 큰 것으로 분석되었으나, 무역 확대(B3)의 효과는 남북한의 교역량이 남한의 총 교역에서 차지하는 비중이 너무 작아 그 효과가 적은 것으로 나타났다. 2050년까지의 종합 통합 시나리오 B123의 혜택은 2015년 남한 GDP의 3배가 넘는 수준(307%)에 달하는 것으로 추정되었다.

북한의 경우 혜택은 시나리오별로 B는 574조 원, B1은 808조 원, B2는 804조 원, B3는 661조 원, B123는 1,123조 원으로 추정되었다. 북한의 경우도 국방 인력 및 국방 비용 절감(B1)이 가장 큰 혜택을 가져다주는 것으로 나타났다. 종합 통합 시나리오 B123의 경우 북한이 개혁·개방과 남한과의 경제통합을 추진함으로써 얻을 수 있는 총 혜택은 1,123조 원에 달하는데, 이는 2015년 북한 GDP의 40.4배 수준에 해당한다.

이렇게 추정한 남한과 북한의 혜택을 남북한 원화의 실질 상대 가치를 고려하여 합산한 한반도의 통합 혜택은 2050년을 기준으로 B1은 약 3,649조 원, B2는 1,758조 원, B3는 731조 원, B123는 4,910조 원에 달하는 것으로 분석되었다. 경제통합이 남북한에 각각 가져다주는 상대적인 혜택의 크기는 북한에서 월등히 높게 나타났다. 하지만, 남한과 북한의 경제적 혜택의 절대적인 크기를 비교해 보면 남한의 혜택이 더 큰 것을 알 수 있다.

표 2-8 | 시나리오별 남북한 경제통합의 혜택 추계

A. 남한 (2015년 기준 가격, 단위: 십억 원)

연도	시나리오				
	B	B1	B2	B3	B123
2020	0	123,517	40,632	1,100	163,866
2030	0	835,826	313,266	9,708	1,139,758
2040	0	1,783,882	640,627	27,764	2,415,489
2050	0	2,824,216	937,498	54,939	3,762,942

B. 북한 (2015년 기준 가격, 단위: 십억 원)

연도	시나리오				
	B	B1	B2	B3	B123
2020	12,123	15,342	20,776	12,637	24,530
2030	106,152	147,333	164,361	114,830	213,034
2040	298,234	419,711	416,053	333,217	569,488
2050	574,333	808,093	804,116	660,922	1,123,358

C. 한반도 (2015년 기준 가격, 단위: 십억 원)

연도	시나리오				
	B	B1	B2	B3	B123
2020	14,017	140,944	64,432	15,730	191,848
2030	111,683	990,191	484,700	130,682	1,362,145
2040	307,319	2,215,375	1,068,906	371,532	3,001,558
2050	586,814	3,648,504	1,758,190	730,959	4,909,515

(2) 통일 비용의 추정

앞서 살펴본 바와 같이, 본 연구에서는 남한의 경제적 통합 비용 중에서 북한 지원에 따른 비용인 협의의 개념으로 통일 비용을 정의하고자 한다. 기존의 연구나 언론에서는 통일 과정에서 남한이 부담해야 할 많은 비용이 발생할 것으로 간주하고 있는데 이는 남한의 투자까지를 비용의 개념에 포함하고 있기 때문이다. 그러나 남한의 투자로 인해 소득이 발생하면 이를 다시 남한의 경제적 혜택으로 고려해야 하기 때문에 투자를 순수한 비용이라고 보기는 어렵다. 따라서 본 연구에서는 투자를 비용에서 제외하였고, 이에 따라 기존의 연구나 언론의 보도와는 달리 남북한 통합에 따르는 순 비용이 낮게 나타날 수 있다.

통일 비용의 부담 주체를 누구로 보아야 할 것인지에 대해서도 이견이 존재하나, 본 연구에서는 통일 시 한반도 관점의 비용보다는 남한의 비용 부담을 고려하였다. 통일이 되었을 때, 남한과 북한의 경제적 격차, 사회·문화적인 혼란 등 여러 가지 문제 해결을 위해서는 기존 남한 국민이 경제적인 부담을 져야 한다는 데에는 이견의 여지가 없기 때문이다. 이러한 접근은 단순히 남한에 초점을 맞춘 분석이 아니라, 통일 이후에 일어나게 될 한반도의 사회, 문화적인 문제 해결에 초점을 맞춘 분석이고, 그 부담 주체가 남한이 되었다고 보는 것이 본 연구의 취지에 부합한다.

북한의 민주화 및 개방적 체제로의 적응 비용을 보조하기 위한 방법으로 과거 독일 통일에서 보았던 동독 주민에 대한 소득 보전 방식과 비교하여 시나리오를 설정하고 분석하였다. 비용 계산을 소득 보전 방식으로 산정한 데에는 과거 서독이 동독과의 통일 과정에서 지불했던 비용의 개념이 소득 보전 정책에 기반하고 있는 사실이 반영되었다. 기존의 연구에 따르면 독일은 급속도로 전개된 통일 과정에서 비효율적으로 높은 수준의 비용을 지불한 것으로 분석되었다. 이는 동독 주민들의 경제적 흡수 능력을 고려하지 않고 과도하게 소득 보전 및 지원 정책을 펼친 결과이다. 본 연구에서는 소득 보전의 시나리오에 맞추어 비용을 계산하고, 이를 독일이 실제 지불한 비용과 독일식으로 소득 보전을 진행하였을 때 남한이 지불하게 될 비용을 함께 비교하였다.

또한 통일 이후 일어날 수 있는 문제들 중 가장 근본적인 해결이 필요한 것은 북한 주민들이 느끼게 될 상대적 박탈감이다. 이는 통일 한국을 하나의 통합된 국가로 이끌어 나가는 것에 큰 걸림돌이 될 것이다. 독일의 경우, 일부 동독 주민들은 20여 년이 지난 현재까지도 상대적 박탈감을 완전히 지우지 못한 것으로 나타났다. 이러한 북한 주민의 박탈감을 해소하기 위해서는 기본적인 수준의 소득 이전이 반드시 필요하다. 따라서 본 연구에서 정의한 통일 비용은 북한 주민의 소득을 보전하는 의미뿐만 아니라 북한 주민의 상대적 박탈감을 해소하고, 소득 불평등으로 인해 생길 수 있는 많은 사회적 문제들을 해결하는 비용을 포함하고 있다.

이렇게 추정하는 통일 비용은 남한이 부담하는 비용으로 북한의 혜택을 발생시킨다는 점에서 한반도의 비용으로 판단하기에는 개념이 모호할 수 있으나, 기존 분석을 따라 남한의 입장에서 '통일 비용'으로 정의하였다.

경제통합이 점진적으로 일어나는 과정에서 통일이 될 경우 발생하는 비용의 추정은 통일 시나리오에 따라 크게 다르나 본 연구는 2025년을 통일 시점으로 하여 이전 지출의 크기에 따라 직접 소득 보전 시나리오와 임금 기준의 소득 보전 시나리오 두 가지를 가정하였다.

(i) 북한의 소득 보전 시나리오 A: 직접 소득 보전

소득 보전 시나리오 A는 2025년 통일이 되어 2050년까지, 북한의 1인당 국민소득이 남한으로부터 소득을 이전받아 남한의 소득 수준의 일정한 크기가 되도록 이전 지출을 지급하는 것을 가정하였다. 그 이전 수준에 따라 시나리오를 세 가지로 구분하였다.

A1. 기본 소득 이전 시나리오

2025년 기준 북한의 1인당 소득이 남한 1인당 소득의 25% 수준에서 20년 동안 점진적으로 비율을 증가시켜 2045년 이후로 북한의 1인당 소득

이 50% 수준에 이를 수 있도록 하는 남한의 이전 지불 비용의 현재 가치를 계산하였다. 현재 북한의 1인당 소득이 남한의 5%밖에 되지 않는 상태에서 25~50% 수준으로 올려 주는 것은 상당한 크기의 이전 지출을 요구하는 것으로 볼 수 있다.

A2. 낮은 수준의 소득 이전 시나리오

2015년 기준 남한의 약 5% 수준인 북한의 1인당 소득을 2025년부터 점진적으로 1%씩 올려, 2050년 남한의 1인당 소득의 25% 수준에 이를 수 있도록 할 때의 소득 이전 비용의 현재 가치를 계산하였다.

A3. 높은 수준의 소득 이전 시나리오(독일식 소득 이전)

2025년 기준 북한의 1인당 소득이 남한 1인당 소득의 25%에서 35년 동안 매년 1%씩 비중을 증가시켜 2050년에 60%의 수준에 이를 수 있도록 하는 남한의 소득 이전 비용의 현재 가치를 계산하였다. 이는 나머지 시나리오들에 비해 매우 높은 수준으로 소득을 보전해 주는 방식이다. 그러나 이 시나리오도 독일이 통일 시에 지불했던 비용보다는 여전히 낮은 수준의 비용 부담을 전제로 한다. 독일 통일의 경우, 동독 지역의 1인당 국민소득이 통일 후 3~6년 만에 서독 지역의 약 60~70% 수준에 도달하도록 하였기 때문이다. 본 연구는 기본적으로 점진적인 남북한의 통합 과정을 가정으로 하고 있기 때문에, 통일 시점 이후 35년이 지난 2050년에 남한 소득의 60% 수준으로 보전하는 것을 가정하였다.

(ii) 북한의 소득 보전 시나리오 B: 노동자 소득 보전

소득 보전 시나리오 B는 북한의 모든 노동자들의 평균 소득이 남한의 최저임금의 일정한 비율이 되도록 이전 지출을 지불하는 것을 가정하였다. 구체적으로, 2025년에서 2035년까지 10년간은 남한의 최저임금 수준의 50%를 북한에 지불(남한 평균 소득의 현재 비율이 유지되도록 앞으로 남한 소득 증가에 따라 상승시키는 것으로 가정)하도록 가정했고, 이후 2035년부터 2045년까지 점진적으로 남한의 최저임금과 동일한 수준으로 증가한 비용을 북한에 지불하는 것을 가정하였다. 이후에는 2050년까지 남한 최저임금과 동일한 수준을 유지하여 지급하는데, 이 임금 수준에 대한 가정은 통합 시나리오 B2에서 가정하는 남북 협력 사업에서의 북한 노동자 임금 수준과 일치한다. 이와 같은 소득 보전 방식은 현실적으로는 북한 노동자를 완전 고용하여 최저임금의 특정 수준만큼을 보장해 주는 방식으로 실현될 수 있다. 또한 북한 노동자에 대한 보조금과 세율 완화와 같은 방안으로도 실현될 수 있다.

고용노동부가 고시한 2013년 최저임금 수준(4,860원)을 기준으로, OECD Statistics의 2011년 평균 노동시간 자료에 따라 매년 2,090시간의 일을 하는 노동자를 가정하면 연간 최저임금은 1,016만 원(1인당 2013년 기준 10,157,400원)으로 2013년 남한의 평균 소득인 2,370만 원의 42.9%가 된다. 따라서 남한의 최저임금 수준이 국민 개인소득의 42.9% 수준에서 매년 연동되어 조정되는 것으로 계산하였다.

시나리오별 통일 비용을 〈표 2-9〉로 정리하였다. 〈표 2-9〉의 추정치를 살펴보면, 통일 시나리오 B에서는 통일 시나리오 A에 비해 낮은 수준으로 통일 비용이 추정되었다. 이러한 결과는 시나리오 B에서의 이전 지출이

표 2-9 | 시나리오별 통일 비용의 추정(2015년 기준 가격, 단위: 십억 원)

연도	소득 보전 시나리오 A1					
	A	B	B1	B2	B3	B123
2025	121,055	112,844	117,767	111,288	112,264	115,514
2035	1,702,879	1,568,206	1,641,736	1,567,600	1,555,097	1,627,030
2040	2,721,665	2,497,137	2,619,776	2,494,970	2,472,339	2,590,839
2050	5,048,406	4,601,440	4,845,841	4,569,822	4,540,228	4,745,984

연도	소득 보전 시나리오 A2					
	A	B	B1	B2	B3	B123
2025	382,054	334,238	342,702	312,093	331,474	317,318
2035	1,370,698	1,189,693	1,224,835	1,151,607	1,173,020	1,169,694
2040	2,070,284	1,794,045	1,851,812	1,744,620	1,764,370	1,771,807
2050	3,811,812	3,300,197	3,425,930	3,202,190	3,230,431	3,252,901

연도	소득 보전 시나리오 A3					
	A	B	B1	B2	B3	B123
2025	1,565,708	1,522,076	1,567,462	1,515,635	1,519,926	1,557,660
2035	3,560,765	3,395,224	3,538,100	3,401,456	3,381,466	3,527,815
2040	4,728,892	4,476,001	4,680,352	4,485,241	4,451,164	4,660,801
2050	7,327,059	6,857,911	7,209,243	6,846,643	6,798,446	7,129,180

연도	소득 보전 시나리오 B					
	A	B	B1	B2	B3	B123
2025	78,416	78,416	89,176	72,227	78,465	81,956
2035	875,183	875,183	1,003,083	807,255	876,057	923,398
2040	1,399,699	1,399,699	1,609,986	1,291,321	1,401,424	1,482,630
2050	2,919,530	2,919,530	3,379,178	2,692,231	2,924,644	3,111,629

북한의 전체 국민이 아닌 노동자를 대상으로 이루어졌기 때문이다.

통일연구원의 2011년 연구(김구륜 외)에 의하면, 통일 이후 약 20년간 서독에서 동독으로의 총 이전 지출은 1.6~2.1조 유로에 달하는 것으로 추정되었다. 또한, 독일 연방건설교통부에 의하면, 1991년부터 2003년까지 14년간의 총 통일 비용은 1조 2,800억 유로로, 이는 통일 이전의 추정 비용인 서독 GDP의 1.5% 보다 훨씬 많은 4~5%에 달한 것으로 조사되었다. 이와 같은 자료를 바탕으로 20년간 독일의 통일 비용을 2조 유로(2009년 환율 기준, 3,548조 원)수준으로 생각하면 본 연구에서 도출한 한반도의 통일 비용에 비해 매우 높은 수준임을 알 수 있다. 남북한의 통일 비용은 시나리오 A3을 제외하면, 2015년부터 2035년까지 통합 시나리오 B123 기준 2015년부터 2035년까지 20년간 최소 923조 원에서 최대 1,627조 원 수준이다. 이는 독일의 절반 수준에 불과하다. 이러한 사실은 과거 독일이 동서독의 갑작스런 통일로 인해 지나치게 비효율적인 비용을 지불하였음을 보여 준다.

각 시나리오별로 살펴보면, 북한 노동자들을 완전 고용하여 남한의 최저임금의 절반 수준에서 점진적으로 최저임금 수준까지를 보전해 주는 임금 기준 방식(소득 보전 시나리오 B)이 가장 낮은 비용으로 2035년까지 923조 원을 발생시키는 것으로 나타났고, 독일식 소득 보전 방식(소득 보전 시나리오 A3)이 가장 높은 비용으로 2035년까지 3,528조 원을 발생시키는 것으로 나타났다. 후자의 방식은 점진적인 소득 보전임에도 불구하고 3,528조 원의 비용을 발생시켜 급속 통일을 이룬 독일의 실제 지불 비용 3,548조 원과 비슷한 수준의 부담을 초래할 것으로 분석되었다. 이는 근본적으로 통일 시점에 서독과 동독의 소득 수준 차이보다 남한과 북한의 소득 수준 차이가 더 심하기 때문에 발생한 결과이다. 따라서 본 연구가 제시한 바와 달리 통일 접근 방식이 독일과 마찬가지로 급진적인 방식이 된다면, 남북한 통일의 경우 독일의 사례보다도 훨씬 더 큰 비용이 발생할 수도 있다.

(3) 북한의 경제 규모와 소득 수준

본 소절에서는 각각의 제시한 통합 및 소득 보전 시나리오에 따라 북한의 경제가 어떤 수준의 경제 규모와 소득 수준에 이를 수 있는지를 현실적

표 2-10 | 남한으로부터 소득을 이전 받지 않는 경우

A. 북한의 경제 규모와 소득 수준 (2015년 기준 가격, GDP의 단위: 십억 원, CGDP의 단위: 백만 원)

년도	A		B		B1		B2		B3		B123	
	GDP	CGDP	GDP	CGDP	GDP	CGDP	GDP	CGDP	GDP	CGDP	GDP	CGDP
2015	27,742	1.10	28,032	1.11	27,993	1.11	28,228	1.12	28,040	1.11	28,220	1.12
2025	35,717	1.36	48,158	1.83	53,294	2.03	55,647	2.12	49,175	1.87	61,608	2.34
2035	44,188	1.64	78,956	2.93	93,446	3.46	88,086	3.27	83,616	3.10	106,809	3.96

B. 남한의 년도로 본 북한의 경제 규모와 소득 수준

북한	A		B		B1		B2		B3		B123	
년도	GDP	CGDP	GDP	CGDP	GDP	CGDP	GDP	CGDP	GDP	CGDP	GDP	CGDP
2015	1960	1960	1960	1960	1960	1960	1960	1960	1960	1960	1960	1960
2025	1964	1965	1968	1969	1968	1971	1969	1972	1968	1969	1970	1973
2035	1967	1968	1973	1976	1974	1977	1974	1977	1973	1976	1976	1981

으로 파악하기 위해서 남한의 과거 성장 경로와 비교해 보았다. 비교 시점은 통일 시점으로 가정한 2025년과 그 후 10년이 지난 2035년으로 설정하였다. 아울러, 남한으로부터 소득 이전을 받지 않는 경우와 시나리오별로 소득 이전을 받는 경우로 구분하여 비교함으로써, 현실적으로 남한의 소득 이전 비용 지출이 어떤 효과를 가져 오는지 분석해 보았다. 〈표 2-10〉, 〈표 2-11〉, 〈표 2-12〉는 그 결과를 정리한 표이다. 남한과의 비교를 위해, 북한의 시나리오별 경제 규모에 대해 상응하는 수준의 남한 경제 규모에 해당하는 년도를 사용하였다.

남한과 북한의 원화를 직접적으로 비교하기 위해, 2005년 기준 가격으로 실질 상대가치를 반영하였다. 남한의 자료는 한국은행 경제통계시스템(ECOS)의 남한의 경제 규모(실질 GDP)와 1인당 소득 수준(1인당 GNI) 자료를 사용하였다. GDP의 단위는 십억 원, 1인당 GDP(CGDP)의 단위는 백만 원이다.

표 2-11 | 남한으로부터 소득 보전 시나리오 A1의 수준으로 소득을 이전 받는 경우

A. 북한의 경제 규모와 소득 수준(2015년 기준 가격, GDP의 단위: 십억 원, CGDP의 단위: 백만 원)

년도	A		B		B1		B2		B3		B123	
	GDP	CGDP	GDP	CGDP	GDP	CGDP	GDP	CGDP	GDP	CGDP	GDP	CGDP
2015	27,742	1.10	28,032	1.11	27,993	1.11	28,228	1.12	28,040	1.11	28,220	1.12
2025	198,405	7.54	199,811	7.60	211,563	8.04	205,209	7.80	200,049	7.60	216,849	8.24
2035	381,483	14.14	387,106	14.35	417,077	15.46	398,459	14.77	388,373	14.40	429,120	15.91

B. 남한의 년도로 본 북한의 경제 규모와 소득 수준

북한	A		B		B1		B2		B3		B123	
년도	GDP	CGDP	GDP	CGDP	GDP	CGDP	GDP	CGDP	GDP	CGDP	GDP	CGDP
2015	1960	1960	1960	1960	1960	1960	1960	1960	1960	1960	1960	1960
2025	1983	1988	1983	1988	1984	1989	1984	1989	1984	1988	1985	1990
2035	1990	2000	1990	2000	1992	2001	1991	2000	1991	2000	1992	2002

비교 결과에 따르면, 북한의 경제 규모는 2015년 남한의 1960년 수준에서 남한에 의한 소득 보전의 수준에 따라 통합 시나리오 B123 기준 2035년에는 최소 남한의 1976년의 경제 규모에서 최대 남한의 1992년의 경제 규모 수준으로 성장할 수 있을 것으로 판단된다. 또한, 북한 국민의 소득 수준은 최소 남한의 1981년 수준에서 최대 남한의 2002년 수준까지 도약할 수 있을 것으로 예측된다. 이는 통일 이후 10년간의 남한의 북한에 대한 소득 보전 수준에 따라 북한의 경제 규모와 소득 수준이 약 20년 정도 앞당겨질 수도, 또는 퇴보할 수도 있음을 의미한다.

또한, 각 통합 시나리오별로 북한의 경제 발전 속도의 차이를 보면, 분단 시나리오 A의 경우 소득을 이전받지 않을 때에는 2035년도에도 북한이 여전히 남한의 1970년대에도 못 미치는 경제 규모와 소득 수준을 갖게 된다. 반면, 소득을 이전받지 않더라도 경제통합의 시나리오 B123이 진행된다면 북한의 경제 규모는 2035년에 남한의 1976년도 수준이 되고, 소득은

표 2-12 | 남한으로부터 소득 보전 시나리오 B의 수준으로 소득을 이전 받는 경우

A. 북한의 경제 규모와 소득 수준 (2015년 기준 가격, GDP의 단위: 십억 원, CGDP의 단위: 백만 원)

년도	A		B		B1		B2		B3		B123	
	GDP	CGDP	GDP	CGDP	GDP	CGDP	GDP	CGDP	GDP	CGDP	GDP	CGDP
2015	27,742	1.10	28,032	1.11	27,993	1.11	28,228	1.12	28,040	1.11	28,220	1.12
2025	141,102	5.36	153,543	5.84	173,139	6.58	152,714	5.81	154,626	5.88	171,749	6.53
2035	189,459	7.02	224,228	8.31	261,034	9.68	222,280	8.24	229,087	8.49	261,346	9.69

B. 남한의 년도로 본 북한의 경제 규모와 소득 수준

북한	A		B		B1		B2		B3		B123	
년도	GDP	CGDP	GDP	CGDP	GDP	CGDP	GDP	CGDP	GDP	CGDP	GDP	CGDP
2015	1960	1960	1960	1960	1960	1960	1960	1960	1960	1960	1960	1960
2025	1980	1985	1981	1986	1982	1987	1981	1986	1981	1986	1982	1987
2035	1983	1987	1985	1990	1986	1992	1985	1990	1985	1990	1986	1992

남한의 1981년 수준까지 상승하게 된다. 즉, 통합의 시나리오만으로 북한 경제를 10년 이상 더 빠르게 발전시킬 수 있다. 물론, 소득 보전 시나리오 A1을 통해 소득을 보전하게 되면 북한의 경제는 분단 시나리오 A의 경우에도 2035년에 경제 규모가 남한의 1990년 수준에 도달하고, 소득 수준은 남한의 2000년도 수준에 이르게 된다. 이 경우, 북한의 경제 규모와 소득 수준은 시나리오별로 큰 차이가 나지 않게 된다. 하지만, 앞서 비용 계산 과정에서 살펴본 바와 같이 시나리오 A는 소득 보전 시에 남한에 큰 비용 부담을 안겨 준다. 또한, 통합 시나리오가 주는 경제적 혜택을 누릴 수 없기 때문에, 분단 시나리오 A와 같이 분단을 지속하다가 갑작스럽게 통일을 하는 방식은 남한 경제에 있어 큰 손실이고, 나아가 한반도 전체의 경제적 손실을 가져 온다. 따라서 분단 시나리오 A 이후 소득 보전만으로 북한의 침체된 경제를 살리는 것은 바람직한 방향이 아니다. 이와 관한 논의는 통합/통일의 순 혜택을 도출하면서 더욱 심화시키기로 한다. 북한의 경제 규모와

소득 수준으로 남한과 비교함으로써 더욱 명확히 알 수 있는 사실은 통일 이후 북한 주민들의 상대적 박탈감과 지역적 불균형을 해소하기 위해서는 점진적 통일 시나리오와 적절한 수준의 소득 보전이 필요하다는 점이다.

(4) 한반도 경제통합의 순 혜택 추정

본 연구의 초점은 통합 혜택과 통일 비용 결과를 토대로 순 혜택을 도출하는 데에 있다. 본 소절에서는 2050년까지의 통합 시나리오들의 경제적 혜택과, 기본 소득 이전 시나리오 A1과 임금 기준 소득 이전 시나리오 B에 따른 통합 순 혜택(현재 가치)을 구하였다. 독일의 통일 사례를 살펴볼 때, 본 연구가 제시한 북한의 개방 시나리오와 세 가지 경제통합의 시나리오는 현실에서 복합적으로 전개—시나리오 B123—될 것으로 예측할 수 있다. 따라서 본 장의 초점은 통합 시나리오 B123을 통한 남북한 경제통합의 순 혜택을 도출하는 것이다. 통합 시나리오 B123의 연도별 누적 혜택과 각 소득 이전 시나리오에 따른 비용을 〈그림 2-15〉에서 그래프로 표현하였다.

〈표 2-8〉에서 추정한 경제통합 B123 시나리오에서 한반도 전체의 혜택은 2050년까지 2015년 현재 가치로 4,910조 원에 달하였으며 이는 〈표 2-9〉에서 추정한 비용의 값들을 모두 초과한다. 2050년까지 소득 보전 시나리오 A1의 비용을 지불하는 경우 한반도 전체로 164조 원의 순 혜택이 발생하고, 소득 보전 시나리오 B의 비용을 지불하는 경우는 1,798조 원의 순 혜택이 발생하는 것으로 추정되었다.

〈그림 2-15〉와 같이 2015년부터 2050년까지 남북한 경제통합의 순 혜택은 두 경우 모두에서 양수 값이 된다. 따라서 점진적인 남북한의 경제적 통합을 하는 것이 바람직하다는 결론을 얻을 수 있다. 개별 시나리오를

그림 2-15 | 남북한 경제통합의 누적 혜택과 비용

A. 소득 이전 시나리오 A1(2015년 기준 가격, 단위: 십억 원)

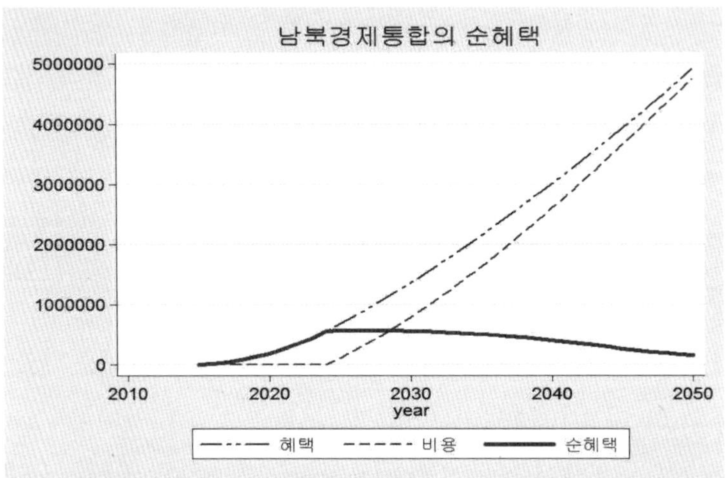

B. 소득 이전 시나리오 B (2015년 기준 가격, 단위: 십억 원)

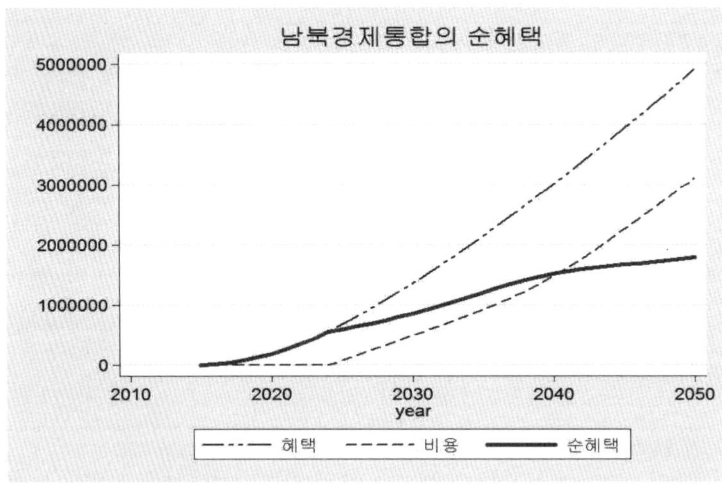

살펴보면, 기본 소득 이전 시나리오 A1대로 소득을 이전할 경우, 통합 순 혜택의 누적치는 시간이 지날수록 감소하는 것을 확인할 수 있다. 반면, 임금 기준 소득 이전 시나리오 B의 경우 통합 순 혜택의 누적치는 시간이 흐를수록 더욱 커진다.

소득 이전 시나리오 A1에서 확인할 수 있듯이, 통일 비용을 2025년부터 2050년까지 25년간 지불하는 것은 남한 경제에 있어 상당한 부담을 초래하고, 이는 한반도 관점에 있어서도 손실을 발생시킨다. 따라서 북한 경제가 자생적으로 성장할 수 있고, 북한 주민들이 시장경제 및 민주주의 제도에 온전히 적응하는 시점까지 이전 지출을 할 수 있도록 하는 것이 현실적인 방안이 될 것이다. 이러한 경우를 고려하여, 2040년까지만 이전 지출을 하는 방식을 살펴보면, 2050년까지 시나리오 A1의 비용을 지불하는 경우보다 2,319조 원만큼, 시나리오 B의 비용을 지불하는 경우보다 3,427조 원만큼 순 혜택이 크게 증가한다.

본 연구에서 계산된 순 혜택은 사실상 2050년 이후를 포함하는 전체 순 혜택 중에서 일부만이 산출된 결과이다. 남북한이 경제적으로 통합되고 통일을 이룬다면, 이 혜택은 사실상 한반도가 사라지지 않는 한 무한히 발생한다고 할 수 있다. 무한한 기간에 걸친 한반도 경제통합의 혜택을 현재가치로 계산할 경우, 2050년 이후의 한반도 경제성장 경로에 따라 그 값이 수렴할 수도 있고, 수렴하지 않고 무한대로 발산할 수도 있다.

또한, 현실적 한계로 인해 통일 이후 이산가족의 상봉과 같은 사회 문화적 편익에 대해서는 구체적인 효과를 고려하지 못하였다. 따라서 실제 통합과 통일로 인해 국민들이 향유하게 될 혜택은 본 연구에서 분석한 수준보다 더욱 높을 것으로 기대된다.

종합해 보면, 통합/통일의 혜택은 실제보다 낮게 측정된 것으로 분석되고, 2025년부터 2050년까지 지불하는 것으로 가정한 비용은 실제보다 높게 측정된 것으로 분석된다. 그러므로 통일로 인해 국민들이 실제로 향유하게 될 통합 순 혜택은 본 연구가 제시한 수준보다 더 높을 것으로 기대된다.

3장

남북한 무역통합의 효과

제3장에서는 남북한 경제통합을 통한 직접적인 혜택으로 남북한 무역 재개 및 확대에 미치는 영향을 분석하였다. 남북한은 분단 이후 전쟁 위험 등의 정치적 긴장관계로 인해 교류 및 경제협력에 차질을 빚고 있으나 남북한의 지리적, 역사적, 문화적 요건을 고려할 때 북한이 개혁·개방을 통해 남북한이 경제협력을 도모한다면 무엇보다 무역 규모 확대를 통해 큰 혜택이 발생할 것임을 유추할 수 있다.

제1절에서는 남북한 경제통합이 이루어질 경우, 한반도의 전쟁 위험이 해소되고 북한에 가해지던 무역 제재(Sanction)가 사라진다는 가정 하에서 무역의 중력 모형(Gravity model)을 이용하여 남북한 무역량 변화를 추정하였다. 제2장에서 제시한 분단 시나리오(A)와 통합 시나리오(B) 그리고 통합에 따른 구체적 시나리오들—통합 이후 국방비 및 국방 인력 감축(B1) 및 남북한 협력 사업 확대(B2)—에 따라 남북한 무역 규모 변화를 분석하였다.

제2절에서는 북한의 개혁·개방 시 남북한 무역의 확대 요인 및 무역 증가의 패턴을 예측하였다. 남북한의 산업 구조 비교 및 이전 연구들의 연구 결과를 정리하고, 북한의 풍부한 광물자원, 낮은 임금 수준과 풍부한 노동력 등이 북한의 개혁·개방 시 남북한 무역 패턴에 어떤 영향을 미칠지 예상해 보았다. 또한, 북한이 상대적으로 자본에 비해 노동이 풍부한 점과 북한의 주력 산업이 1차 및 2차 산업인 점, 남북한 간의 인접한 지리적 조건과 공통 언어 사용, 그리고 역사적인 유대 관계 등의 요인들이 북한의 개방 이후 경제 발전 과정에서 남북한 간의 무역 패턴에 미칠 영향을 살펴보았다.

마지막으로 제3절에서는 남북한 경제통합이 북한의 대 남한 무역을 촉진시킬 뿐 아니라, 국제사회로부터 받아 오던 무역 제재로부터 벗어나 북한의 다자 무역을 확대시킬 수 있음에 착안하여, 북한의 다자 무역 변화를 추정하였다.

1. 남북한 무역통합의 가능성

1) 경제협력을 통한 무역 증대: 중국과 대만의 경제협력 사례

국가 간의 갈등과 정치적 분쟁이 경제적 관계에 영향을 준다는 것은 예측 가능한 사실이다. 실제로 여러 가지 형태의 분쟁 혹은 전쟁이 국가 간 경제적 협력 및 교류에 미치는 영향에 대한 연구는 역사를 통해 끊이지 않고 계속되고 있다. 가까운 예를 찾아보면 1953년 한국 전쟁 이후 현재에 이르기까지 남북한의 지리적, 사회적, 문화적 유사성에도 불구하고 교류 및 경제협력은 거의 진전이 없었음을 고려해 볼 때, 전쟁과 정치적인 대립이 경제 관계를 얼마나 악화시킬 수 있는지 유추할 수 있다.

그러나 국가 간의 오랜 대립 관계에도 불구하고 최근 민간의 경제 교류 활성화를 바탕으로 경제협력을 도모하는 중국과 대만의 예는 두 국가의 정치적 갈등을 초월한 경제협력이 오히려 서로를 이롭게 하며 부를 창출하게 함을 확인시켜 준다. 중국과 대만은 정치적 대립 관계로 인한 오랜 경제적인 교류 단절을 극복하고 1990년대부터 민간 부분의 경제 교류 채널을 통해 무역을 확대하기 시작하였다. 1990년 대만 측의 해협교류기금회의 설립과 1991년 중국의 해협양안관계협회의 설립 등 민간 부분에서의 경제협력 채널을 통해 두 국가 간 경제 교류가 확대되기 시작하였고, 이와 같은 민간 협력을 필두로 〈그림 3-1〉에 나타난 바와 같이 중국 대만 간의 교역량은 실제로 2012년 약 1,375억 달러로 1990년 약 40억 달러 대비 약 34배나 증가하였다. 나아가 중국과 대만 양국은 2010년 양안 경제협력기본협정(Economic Cooperation Framework Agreement: ECFA)을 맺고 양국 중앙은행 간의 화폐 청산 양해각서를 체결함으로써 안정적인 경제통합을 이루었다. 이용화·이해정(2012)에서는 중국과 대만의 성공적인 정경 분리가 양국의 상호 경제협력에 중요한 역할을 하였음을 주장하였고, 이런 중국과 대만의 경험을 통해 남북한 경제협력의 필요성을 역설하였다.

2) 남북한의 무역 현황

반면, 남한과 북한은 1953년 휴전협정 이후 지속적인 정치적인 긴장과

그림 3-1 | 중국 대만의 무역 변화(단위: 억 달러)

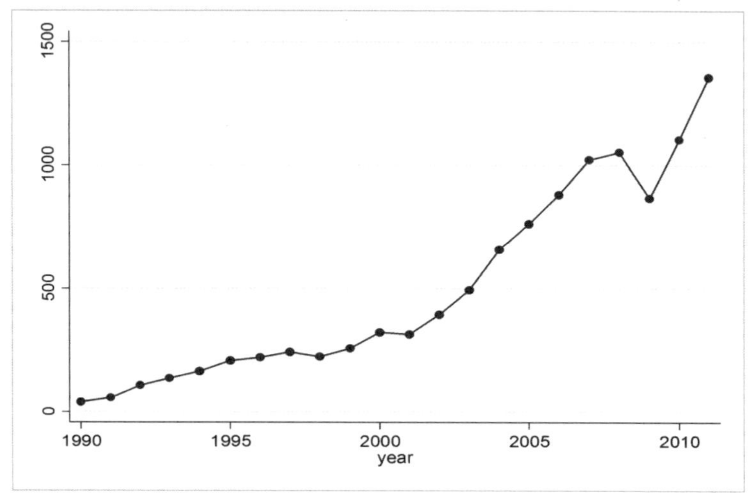

자료: 대만 경제부(Ministry of Economic Affairs, R.O.C.)

대립으로 인해 경제 교류 및 협력에 차질을 빚고 있다. 남북한의 무역 현황을 살펴보면 1990년 이후 일시적으로 무역 교류가 재개되었으나, 2000년대 초중반에 발생한 북한의 국지 도발 및 핵 실험 등을 통한 긴장 고조로 경제 교류가 크게 확대되지 않았다. 이는 2002년 북한의 고농축 우라늄(HEU) 프로그램 존재 시인을 통해 한반도의 핵 위협이 잠재적으로 드러났고, 2003년 연이은 북한의 핵 확산 금지 조약(NPT) 탈퇴를 통해 본격적인 북한의 핵 실험 가능성에 대한 우려가 대두된 것에 기인한다고 볼 수 있다. 또한 2006년과 2009년에 걸친 두 차례 핵 실험에 이어 2013년 강행한 세 번째 핵 실험은 북한을 향한 국제사회의 경제 제재를 불러일으키고 남한과의 무역 및 경제 협력에 장애 요소가 되고 있다.

그림 3-2 | 남한 북한의 무역 현황(단위: 억 달러)

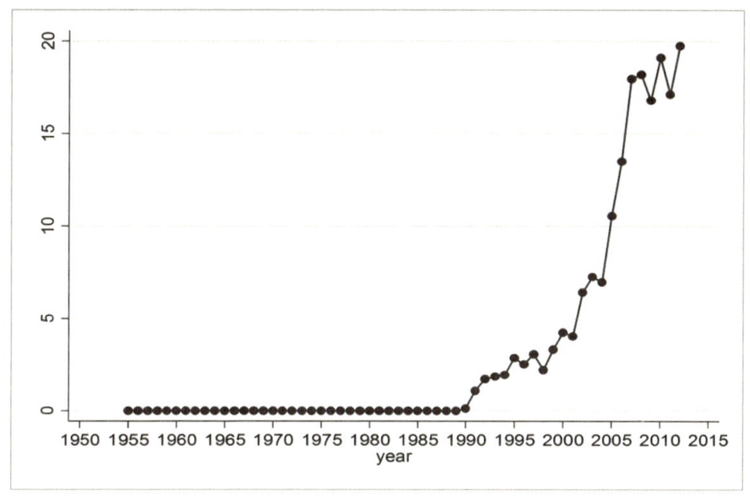

자료: 통계청, 북한통계

〈그림 3-2〉는 1955년부터 2010년까지 남북한의 무역 현황을 나타낸 그래프이다. 남북한의 무역 규모는 1990년 이후에 조금씩 늘기 시작하였지만 그 규모는 20억 달러 미만으로 크지 않고, 남한의 전체 교역 규모나 남한의 GDP 수준에 비해 아주 미미한 부분을 차지하고 있음을 알 수 있다. 실제로 2010년 남북한의 교역은 19억 달러로 이는 남한의 총 무역 규모인 8,916억 달러의 0.2% 정도[1]밖에 되지 않아 이석(2013)은 경제적인 관점에서 무역 부문의 남북한 경제통합은 현실적으로 실익이 없을 것이라고

1_2010년 남북한 무역은 남한 GDP의 1조 150억 달러의 역시 0.2% 정도이다.

주장하였다. 이런 주장은 단순히 현재 남북한 간의 경제 교역 규모에 근거할 뿐만 아니라 한국전쟁 이후 대외적인 개방을 막고 있는 북한의 경우 교역을 위한 제도의 미비 및 이질성으로 인해 남북한 사이의 무역과 관련한 경제통합 논의 자체가 무의미하다는 것이다.[2]

그러나 만약 북한이 개혁 개방 노선을 택할 때 북한의 개방으로 인한 성장 잠재력에 더하여, 남북한의 지리적, 역사 문화적 인접성을 고려한다면 남북한 경제통합의 장기적인 실익이 발생할 수 있음을 간과할 수 없다. 실제로 북한에게 있어 남한은 중국과 더불어 가장 큰 수출시장으로, 북한의 남한에 대한 경제적 의존도가 높은 실정이다. Kwon(2009)에서는 2008년 당시 남한이 북한의 가장 큰 수출시장이 되었음을 보여 주고 있고, 2012년 교역액(수출+수입) 기준으로 북한은 중국 다음으로 남한과 많은 교역을 하고 있는 것으로 나타났다. 앞서 살펴보았듯이 남북한의 경우도 중국과 대만의 예처럼 정경 분리를 통해 두 국가의 경제협력을 도모한다면 남북한의 지리, 역사 문화적 요건을 고려할 때 무역 증대가 나타날 수 있을 것으로 유추할 수 있다. 즉, 남북한이 정치적인 대립이나 분쟁이 있을지라도 경제적인 협력 또는 경제통합에 대한 의지를 가지고 노력한다면 무역 증대 및 추가적인 경제적 실익을 높일 수 있을 것이다. 물론 이런 무역 증대의 효과는 대칭적으로 나타나기보다 북한의 남한에 대한 의존도를 볼 때 오히려 국가 경제 규모가 작은 북한 측에 더 큰 이익을 가져다 줄 것으로 예상된다.

2_이석(2013)에서는 개성공단의 경우 교역의 기본이 되는 통신과 통행, 통관 문제가 남북 간에 지속적으로 분쟁의 여지가 됨을 예로 들어 이런 주장을 개진하였다.

2. 남북한 경제통합에 따른 남북한 무역의 추정

1) 무역의 중력 모형 소개

남북 경제통합으로 인한 남북한 무역 규모의 추정을 위해 무역의 중력 모형(Gravity model)을 기본 모형으로 이용하였다. 중력 모형은 경제학자 얀 틴베르헨(Jan Tinbergen)이 뉴튼의 법칙을 국가의 무역에 적용하여 국가의 GDP가 클수록 국가 간 거리가 가까울수록 무역이 많아질 것이라는 가설을 모형화한 것이다. 이후 중력 모형의 아이디어는 Anderson(1979), Anderson and van Wincoop(2003) 등의 연구를 통해 독점적 경쟁시장에서 산업 내 무역을 결정하는 이론과 결합되어 정교한 실증 분석의 틀을 제시하였다. 중력 모형의 실증 분석 식은 두 국가 간 무역량이 국가의 GDP와 거리 외에도 관세를 비롯한 여러 무역 장벽에 영향을 받음을 보여주고 있다.

본 장의 목적인 남북 경제통합에 따른 남북한 무역 변화의 추정을 위해 먼저 전 세계 국가들의 일반적인 양자 무역(bilateral trade) 패턴을 설명할 수 있는 무역의 중력 모형을 설정하였다. 전 세계의 일반적인 무역 패턴을 추정한 후에 이를 남북한의 무역에 적용하여 북한의 개혁 개방과 남북한 경제통합으로 인한 무역의 확대를 추정하였다. 이는 남북한의 오랫동안 단절된 경제적 관계로 인해 정상적인 무역 관계에 대한 정보가 부족하고 남북한 무역 자료의 신뢰성이 낮아서 남북한의 무역 자료 및 정보만을 가지고 남북한의 미래 무역 규모를 예측하는 것이 타당하지 않다는 판단 때문이다.

중력 모형의 설정을 위해 전 세계 186개 국가의 1950년부터 2009년의 연도별 자료를 사용하였다. 무역 자료의 출처는 IMF Direction of Trade(DOT)와 Correlates of War(COW) project Trade data set이고, GDP는 세계은행(World Bank)에서 제공하는 World Development Indicators(WDI)와 Gleditsch가 제공하는 GDP dataset에서 수집하였다. 특별히 남한과 북한의 GDP 자료 및 무역 자료를 구하기 위해 통계청의 북한 통계와 한국은행의 경제통계시스템을 이용하였다. 또한, 그밖에 무역에 영향을 주는 변수들로 국가 간의 거리, 인접 여부, 공통 언어 사용 여부, 식민지와 관련된 역사적 관계 변수, 국가 영토의 크기 등을 양자 간 무역(수출+수입)을 결정하는 실증 분석 식에 포함하였다.

또한 남북한 무역 추정에서 있어 추가로 중요하게 고려해야 하는 요인으로 국가 간의 전쟁 여부, 무역 제재 여부의 변수를 포함하였다. 전쟁 변수의 자료는 COW project로부터 구하였다. COW는 국가 간의 군사 정치 분쟁(Military interstate dispute)을 그 적대적인 정도(Hostility level)에 따라 5단계로 나누어 제공하고 있는데 그 중 가장 강도가 높은 4(국지 도발, use of force)와 5(전쟁, war)의 사건만을 전쟁 여부 자료로 이용하였다. 무역 제재의 형태는 전체적인 경제 활동 제재 및 수출, 수입 제재, 자산 압류, 원조(foreign aid) 제재 및 여행 금지 등 여러 가지 형태가 있지만 본 연구에서는 무역의 추정에 초점하여 전체 경제 활동 제재 및 수출, 수입 및 투자의 제제에 해당되는 자료를 Threat and Imposition of Sanctions(TIES) data page(http://www.unc.edu/~bapat/TIES.htm)로부터 수집하였다.

다음 식은 추정에서 사용된 중력 모형을 보여 주고 있다.[3]

모형 (1)

$$\ln(Trade)_{ijt} = \alpha_0 + \beta_1 \ln GDP_{i,t} + \beta_2 \ln GDP_{jt} + \beta_3 \ln GDPPC_{i,t}$$
$$+ \beta_4 \ln GDPPC_{jt} + \beta_5 dist_{ij} + \beta_6 border_{ij} + \beta_7 comlang_{ij} + \beta_8 comcol_{ij}$$
$$+ \beta_9 curcol_{ij} + \beta_{10} pastcol_{ij} + \beta_{11} landsize_{ij} + \beta_{12} sanction_{ijt} + \beta_{13} war_{ijt} + \epsilon_{ijt}$$

여기서 $\ln(Trade)_{ijt}$는 국가 i와 j의 t년도의 무역량에 로그를 취한 값이다. α_0는 상수항이며, $\ln(GDP)_{i,t}$와 $\ln(GDPPC)_{i,t}$는 각각 국가 i의 t년도 GDP와 1인당 GDP에 로그를 취한 값을 의미한다.[4] 무역과 소득, 1인당 소득 자료는 모두 2005년 기준 미국의 디플레이터(The US deflator)를 이용하여 실질 변수로 바꾸었다. dist, border는 각각 국가 간 거리와 인접 여부를 의미하고, comlang은 공통 언어 여부 변수이며, comcol, curcol, pastcol은 식민지 경험과 관련된 변수로 각각 같은 국가로부터 공통 식민 지배 여부, 현재 식민지 관계 여부, 1945년 이전 식민지 관계 여부를 의미한다. 그밖에도 landsize는 두 국가의 영토 크기의 곱에 로그를 취한 값이고, sanction은 국가 간의 무역 제제 여부, war는 국가 간의 전쟁 발생 여부를 가리키는 더미 변수를 의미한다. 마지막으로 ϵ_{ijt}는 교란 항을 의미한다.

3_무역량이 0으로 보도되는 경우 로그를 취하면서 관측치가 사라지게 된다. 이와 관련한 추정의 일치성을 높이기 위한 여러 연구들이 진행되었다. Silva and Tenreyro(2006)의 구체적 논의를 참조.

4_Rose(2001)는 두 국가의 GDP per capita의 곱에 로그 값을 중력 모형 식에 넣어 통제하였다. Matyas(1997)과 Egger and Pfaffermayr(2003)의 무역 중력 모형에 관한 실증 연구에서는 log(population)을 통제하여 실증 분석하였다.

아래는 모형 (1)과 더불어 국가 간 고정 효과(country-pair fixed effects)를 통제한 모형 (2)를 소개하였다.

모형 (2)

$$\ln(Trade)_{ijt} = \alpha_0 + \alpha_{ij} + \beta_1 \ln GDP_{i,t} + \beta_2 \ln GDP_{jt} + \beta_3 \ln GDPPC_{i,t} + \beta_4 \ln GDPPC_{jt} + \beta_5 sanction_{ijt} + \beta_6 war_{ijt} + \epsilon_{ijt}$$

여기서 α_{ij}는 국가 간 고정 효과로 국가 간에 시간에 따라 변화하지 않는 모든 관측되지 않는 부분을 흡수하는 변수이다. 국가의 GDP와 1인당 GDP 외에 무역 제재와 전쟁 여부는 시간에 따라 변화하는 변수이지만 나머지 변수들—거리(dist), 인접 여부(border), 공통 식민지 여부(comcol), 현재 식민지 여부(curcol), 과거 식민지 여부(pastcol), 영토 크기(landsize)—은 국가 간 시간에 상관없이 일정한 변수들이다. 그러므로 α_{ij}를 모형 (1)의 식에 도입한 모형 (2)는 시간에 상관없이 일정한 위의 변수들이 α_{ij}에 흡수됨은 물론, 이 변수들 외에도 무역의 결정에 영향을 줄 수 있는 국가 간 시간에 따라 변화하지 않고 일정한 그 밖의 특성들을 추가로 설명해 주는 장점이 있다. 반면에 모형 (2)는 거리(dist)와 같이 시간에 따라 일정한 변수가 무역에 미치는 구체적인 영향을 알 수 없게 되는 단점 역시 있다고 하겠다.

본 연구의 주된 관심사는 남북한 무역량의 예측이기 때문에 모형 (2)의 국가 간 고정 효과 모형을 중심으로 중력 모형을 설정한 후 1950~2009년 사이의 무역 및 기타 자료를 이용하여 무역의 결정 요인을 추정하였다. 이후 제2장에서 제시한 남한과 북한의 분단 및 통합 시나리오에 따라 2050년까지의 남북한 무역량을 추정하기 위해 표본 외 예측(Out-of-sample forecasting) 분석을 실시하였다.

무역량의 표본 외 예측을 위해 무역을 결정하는 다른 변수들에 대한 정보가 필요한데 남북한 소득 자료—GDP와 1인당 GDP 자료—는 제2장에서 제시한 각 시나리오에 따른 예측 성장률을 가지고 남북한의 소득을 2050년까지 연장하였다. 또한, 남북한 간의 전쟁 변수(국지 도발과 전쟁)[5]를 살펴보면 1990년대부터 2009년 사이 20년 동안 남북한 간 격년에 한 번꼴로 국지 도발이 있었던 것으로 관측되었는데 남북한 분단 시나리오 A의 경우 남북한 간 전쟁의 확률을 연간 0.5로 가정하고 2050년까지 연장하였고, 통합 시나리오 B의 경우 전쟁의 확률을 0으로 가정하였다. 또한 무역 제재 변수는 시나리오 A의 경우 1(무역 제재 있음)로 2050년까지 연장하였고 통합 시나리오 B의 경우 0(무역 제재 없음)으로 2050년까지 연장하였다.

우선 표본 외 예측 전에 모형 (1)과 모형 (2)의 결과를 비교하여 기본적인 무역의 결정 요인에 대해 알아보았다. 〈표 3-1〉은 모형 (1)과 모형 (2)의 추정 결과를 보여 주고 있다. 우선 모형 (1)의 추정 결과를 열 (1)을 통해 보면, 각 국가의 경제 규모—$\ln(GDP)_{it}$와 $\ln(GDP)_{jt}$—가 클수록 국가 간 무역량을 유의하게 늘리는 것으로 나타났고, 각 국가의 $\ln(GDPPC)$는 무역량의 변화에 대한 유의한 효과가 없었다. 본 연구에서 주목하는 무역량 결정의 중요한 변수인 전쟁 여부와 무역 제재는 예상대로 무역량을 유의하게 줄이는 것으로 나타났다. 그밖에 무역을 결정하는 중요한 변수인 거리, 인접 여부, 식민지 경험, 영토 크기 등은 이전 연구와 동일한 효과를 보이고 있었다. 모형 (2)의 추정 결과는 열 (2)에서 보여 주고 있다. 모형 (2)에서는

5_국지 도발(use of force)과 전쟁(war) 자료는 COW(Correlates of War) project에서 제공하는 적대 수준(hostility level) 4와 5(최고값)의 사건을 1로 코딩하여 사용하였다.

표 3-1 | 모형 (1)과 모형 (2)의 추정 결과 비교

Dependent variables	$\ln(Trade_{ijt})$ (1)	$\ln(Trade_{ijt})$ (2)
$\ln(GDP_{it})$	0.9822***	0.8600***
	〈0.0107〉	〈0.0491〉
$\ln(GDP_{jt})$	0.9699***	0.5924***
	〈0.0094〉	〈0.0382〉
$\ln(GDPPC_{it})$	- 0.0155	- 0.3055***
	〈0.0147〉	〈0.0482〉
$\ln(GDPPC_{jt})$	0.0235*	0.1392***
	〈0.0122〉	〈0.0380〉
war_{ijt}	- 0.5920***	- 0.4744***
	〈0.1677〉	〈0.0815〉
$sanction_{ijt}$	- 0.4502***	- 0.4589***
	〈0.0972〉	〈0.0680〉
$dist_{ij}$	- 1.0701***	
	〈0.0190〉	
$border_{ij}$	0.6813***	
	〈0.0876〉	
$comlang_{ij}$	0.5609***	
	〈0.0415〉	
$pastcol_{ij}$	0.6910***	
	〈0.1309〉	
$comcol_{ij}$	0.6407***	
	〈0.0599〉	
$curcol_{ij}$	1.1463***	
	〈0.1749〉	
$landsize_{ij}$	- 0.0808***	
	〈0.0072〉	
관측치	326,245	326,245
R-squared	0.671	0.864
국가 쌍의 수		12,075

주: Clustered Robust standard error를 보도하였다. *, **, ***은 각각 10%, 5%, 1% 유의 수준을 의미한다.

각 국가의 GDP와 1인당 GDP, 전쟁 여부, 무역 제재 여부를 제외한 시간에 따라 변화하지 않는 국가 간의 변수들이 고정 효과에 흡수되어 추정되지 않았다. 그러나 고정 효과는 앞서 모형 (1)에서 미처 통제하지 못했던 시간 변화에 일정한 무역량에 미치는 요인을 통제함으로써 다른 변수의 추정에 정확성을 높일 수 있으므로 본 연구의 무역량의 표본 외 예측에 더욱 적합한 모형은 모형 (2)라고 하겠다.

2) 남북한 통합 시나리오에 따른 무역의 추정

여기서는 앞서 소개한 중력 모형을 이용하여 제2장에서 제시한 남북한의 가능한 시나리오에서의 남북한 무역량 변화를 예측하였다.

(1) 북한의 현 체제 지속 시나리오

시나리오 A에 따라 남북한의 대립 및 북한의 현 체제 지속을 가정할 경우 북한과 남한의 경제 규모의 차이가 계속 커지고 무역 규모 역시 크게 증가하지 않을 것으로 예측되었다. 남북한 무역량을 추정한 결과 무역 제재와 전쟁의 위협이 지속되어 2030년에는 약 26.03억 달러로 북한의 예상 GDP 336억 달러의 약 7.7%로 추정되고, 남한 예상 GDP 1조 7,213억 달러의 0.1% 수준으로 추정되었다. 2050년에는 남북한 무역량이 약 40.86억 달러로 북한의 예상 GDP 456억 달러의 약 8.9%로 추정된다. 이는 남한의 예상 GDP인 2조 9,917억 달러의 0.1% 수준으로 남한 GDP 대비 교역 규모의 비중이 미미한 채로 거의 변하지 않을 것으로 보인다.

(2) 경제통합 시나리오

통합 시나리오는 기본적인 북한의 개혁·개방 시나리오(시나리오 B)—북한 투자율 및 기술 진보율 상승—에 국방 인력 및 국방비의 감축(시나리오 B1) 및 남북 협력 사업(시나리오 B2) 등을 추가한 것이다. 이 세 가지 통합 시나리오에 따라 표본 외 예측을 통하여 남북한 무역량 변화를 추정하기 위해 모형에서 몇 가지 가정들을 도입하였다. 남북한이 경제적으로 통합될 경우 남북한과 비슷한 지리적, 문화적 여건을 가지고 있는 국가들처럼 경제 교류가 회복되고 증가할 것이라는 가정을 하였다. 예를 들어 Sohn and Yoon(2001)에서는 1995년 자료를 기준으로 예측한 결과 남북한의 무역 보완성 지수(Trade Conformity Index: TCI)[6]가 0.6일 때 정상적인 무역 관계가 회복될 경우 현재 남북 교역액 수준의 약 5배 이상 무역이 늘어날 것이라고 예상하였다. 남북한의 전쟁 경험으로 인해 역사를 통해 형성된 보이지 않는 남북한 간 경제적 제약이 통합을 통해 사라질 것이라고 가정하고 이 제약의 크기를 추정하여 2015년부터 일정하게 무역을 증가시키도록 배분하였다. 이를 위해 남북한과 같이 인접하고 있고, 공통 언어를 쓰며, 공통된 식민지 경험이 있으나, 서로 식민지 관계가 아니었고, 전쟁 경험이 없는 국가 군의 추정된 고정 효과(fixed effects) 평균과 전체 국가 표본의 고정 효과 평균의 차이를 이런 인접하고 역사적, 언어적으로 비슷한 전쟁 경험이 전혀 없었던 국가군의 무역을 결정하는 보이지 않는 요소—반대로 제약의 크기—를 추정하였다.

이렇게 지리적, 역사적, 언어적 유사성 및 전쟁 경험을 고려하여 계산한 제약의 크기를 제거할 경우 남북한 무역은 현재 수준보다 약 15배 확대되어야 하는 것으로 추정되었다. 이 추정치는 현재 상존하는 전쟁 확률의

6_TCI는 0부터 1사이의 값을 가지는데 0인 경우 두 나라 간 무역이 전혀 보완 관계가 없음을 의미하며 1인 경우 무역이 완전한 보완 관계를 가지고 있음을 의미한다.

감소와 무역 제재가 제거된 효과를 반영하지 않은 것으로 이런 추가적인 효과가 반영될 경우 무역 확대의 규모는 더욱 커질 것으로 예상된다.

특별히 통합 당시 2015년부터 10년간은 이런 제약의 크기가 점진적으로 줄어든다는 가정을 하였다.

(ⅰ) 시나리오 B(북한의 개혁·개방)

기본 통합 시나리오 B에 따라 남북한 무역의 변화를 추정한 결과 2030년에는 약 459.6억 달러로 북한의 예상 GDP 832억 달러의 약 55%로 추정되고 남한 예상 GDP 1조 7,219억 달러의 2.7% 수준으로 추정되었다. 2050년에는 남북한 무역량이 약 1,225.1억 달러로 북한의 예상 GDP 2,321억 달러의 약 53%로 그 비중이 2030년 비중에 비해 다소 감소할 것으로 추정되나, 남북한 무역량은 남한 예상 GDP 2조 9,917억 달러의 4% 수준으로 남한의 GDP 대비 교역 규모는 오히려 다소 증가할 것으로 추정되었다.

(ⅱ) 시나리오 B1(국방 인력 및 국방비의 점진적 감축)

통합 시나리오 B에 추가로 국방 인력 및 국방비의 점진적 감축이라는 가정을 더하여 만든 시나리오 B1에 따라 남북한 무역의 변화를 추정한 결과 2030년에는 약 556억 달러로 북한의 예상 GDP 979.9억 달러의 약 57%로 추정되고 남한 예상 GDP 1조 9,724억 달러의 2.8% 수준으로 추정되었다. 2050년에는 남북한 무역량이 약 1,541.6억 달러로 북한의 예상 GDP 2,867.4억 달러의 약 54%로 2030년에 비해 다소 감소할 것으로 추

그림 3-3 | 시나리오에 따른 남북한 무역 규모의 추정(2005년 기준 가격, 단위: 억 달러)

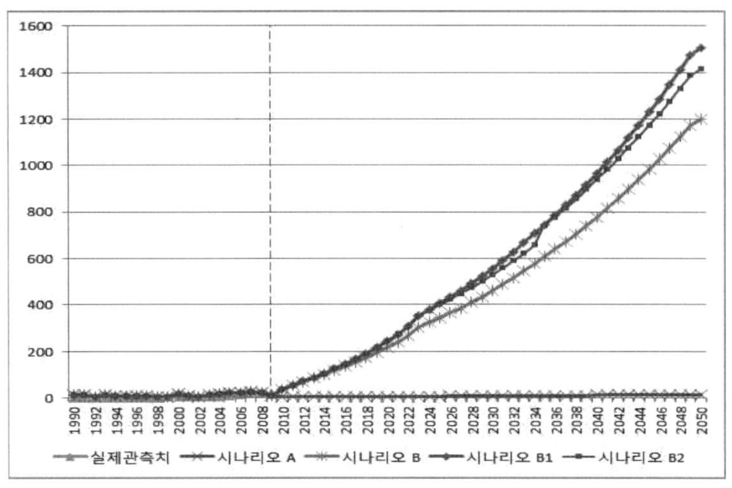

정되고, 남한 예상 GDP 3조 4,892억 달러의 4.4% 수준으로 남한의 GDP 대비 교역 규모가 증가할 것으로 추정되었다.

(iii) 시나리오 B2(남북 협력 사업)

남북 협력 사업을 추가로 가정한 시나리오 B2에 따라 남북한 무역의 변화를 추정하였다. 남북한 무역량을 추정한 결과 2030년에는 약 528.9억 달러로 북한의 예상 GDP 1,019억 달러의 약 52%로 추정되고, 남한 예상 GDP 1조 7,876억 달러의 2.9% 수준으로 추정되었다. 2050년에는 남북한 무역량이 약 1,446.6억 달러까지 증가하여 2011년 기준 북한의 GDP 256억 달러보다 약 5.7배 높은 수준이 될 것으로 추정되고, 이는 북한의

2050년 예상 GDP 2,972억 달러의 약 49%로 추정되었다. 2050년 남북한 무역량은 남한 예상 GDP 3조 1,130억불의 4.6% 수준으로 추정되었다.

〈그림 3-3〉에서는 4가지 시나리오에 따른 남북한 무역 변화를 나타내고 있다. 우선 분단 시나리오 A와 통합 시나리오 B, B1, B2를 비교하면 시간이 지나면서 무역량의 격차가 크게 벌어지는 것을 확인할 수 있다. 무엇보다 북한의 개혁, 개방만으로도 남북한의 무역 증대에 굉장히 큰 효과를 가져오는 것을 확인할 수 있다. 또한, 통합 시나리오 중에서는 국방 인력 및 국방비 감축(B1)의 시나리오가 가장 큰 무역 증대를 가져 옴을 확인하였다.

3) 남북한의 무역 패턴 예측

(1) 남북한의 산업 구조 비교

국가 간 산업 구조와 무역 패턴은 밀접한 관련을 가진다. 무역의 전통적인 이론인 헥셔-올린(Heckshher-Ohlin)의 이론에서는 자본과 노동이라는 요소 부존의 차이가 무역의 패턴을 결정함을 이론적으로 보였고, 이러한 산업 간 무역의 결정에 대한 산업 구조의 역할에 대한 많은 이론과 실증적 분석들이 제시되어 왔다. 현재 남북한 간의 정치적 대립과 분쟁 위험으로 인해 무역이 정상 무역 수준에 미치지 못 한다고 하더라도 경제통합으로 인한 무역 재개 시에 남북한의 산업 구조를 이해하는 것은 남북한 무역의 패턴을 예측하는 데에 큰 도움을 줄 수 있다.

남한과 북한의 산업 구조를 비교해 보면 각각의 주력 산업이 다르게 나타나며 산업 구조가 비대칭적인 양상을 보이고 있다. 〈그림 3-4〉와 〈그림

그림 3-4 | 남한의 산업 구조(%, 국내총생산 대비)

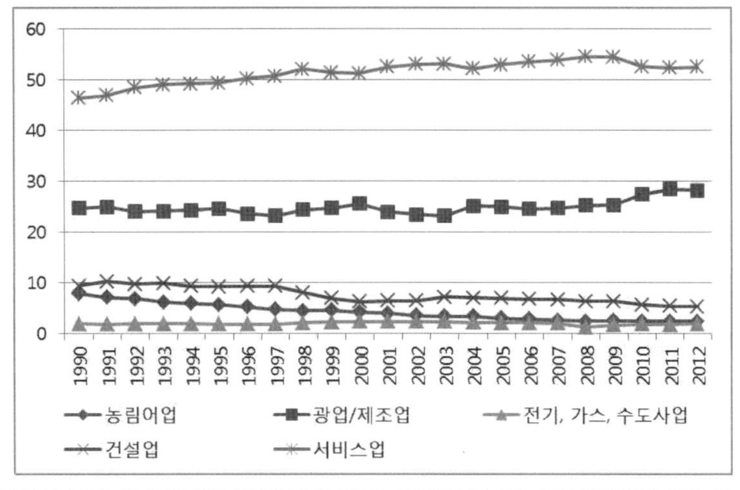

자료: 한국은행, 경제통계시스템

3-5>는 각각 1990년부터 2012년까지 남한과 북한의 산업 생산의 국내총생산 대비 비율의 변화를 보여 주고 있다. 남한의 경우 1990년 후반부터 서비스업의 비중이 GDP 대비 50% 이상을 차지하고 있으며 제조업의 경우 약 20% 중반에 머무르고 있는 반면, (광업의 비중은 2012년 기준 약 0.2%를 차지하고 있다) 북한의 경우 2012년 기준 광공업의 생산량이 GDP 대비 35%로 주요 산업의 위치를 차지하고 있으며 농림 어업 등 1차 산업의 비중이 상대적으로 크게 나타났다. 남북한 경제통합 시 남북한 각각 주요 산업에 특화를 한다면 남북한 간 서로 상이한 산업 구조로 인해 산업 간 무역이 확대될 수 있다. 남북한 경제통합 시 남북한이 각자의 주요 산업에 특화하여 생산 및 교역에 참여한다면 보완적인 관계를 이루며 경제성장을 견인

그림 3-5 | 북한의 산업 구조(%, 국내총생산 대비)

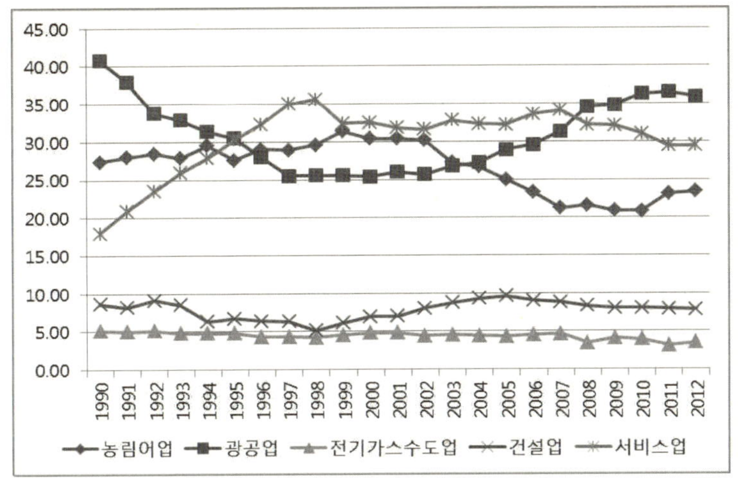

자료: 한국은행, 경제통계시스템

해 갈 수 있을 것으로 예상된다.

(2) 북한의 자원과 경쟁적인 노동력

북한의 자원과 값싼 노동력은 남북한의 무역 재개 시 무역 패턴을 예측하는데 중요한 요소 중 하나이다. Kwon(2009)에서는 북한의 풍부한 자원 매장량을 고려하여 북한의 성장 가능성을 높게 평가하였다. 구체적으로 Kwon(2009)은 북한의 자원 매장량의 시장 가치를 추계하면 2008년 북한 GDP(약 247억 달러)의 약 140배에 이를 것으로 추계하였다. 반면 남한의 경우 북한에 비해 자원 부존도 및 생산량이 현저히 낮다. 〈그림 3-6〉은 특별히

그림 3-6 | 남북한 석탄 및 철광석 생산량(단위: 천 M/T)

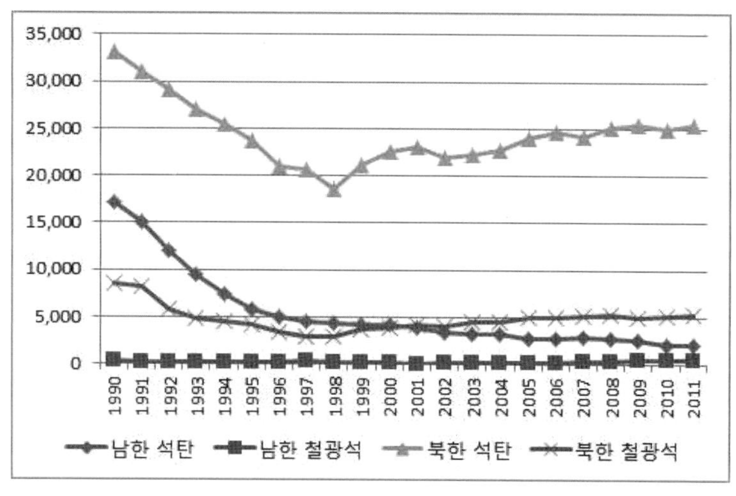

자료: 통계청, 북한통계

남북한의 주요 광물 자원의 하나인 석탄과 철광석 생산량을 비교하여 나타내고 있는데, 북한의 자체 생산량이 남한을 초과하고 있음을 보여 주고 있다.

북한의 개혁·개방 시 북한의 풍부한 천연 광물자원은 남한으로의 주요한 수출 주력품이 될 것이다. 북한의 광물자원 수출은 북한의 무역 확대를 견인하고 경제개발의 동력을 확보할 수 있도록 유도할 것이다. 남한의 입장에서 북한과의 근거리 교역을 통한 자원의 조달은 남한의 제조업 및 기반 산업의 비용 절감을 유도하고 산업 경쟁력을 제고시킬 수 있을 것이다. 북한의 개혁·개방 시 북한의 낮은 임금 수준과 풍부한 노동력 역시 북한의 경쟁력을 향상시키는 요소가 될 수 있다. Kwon(2009)은 북한의 개인소득 수준이 베트남과 인도의 수준과 비슷하고, 중국의 3분의 1 수준임을 보인다고 하였는데 이는 북한이 잠재적인 노동력의 가격 경쟁력을 가지고 있음을 시사한다. 특별히 북한의 경우 총인구의 37%가 농촌 지역에 거주하고 있어 북한의 개방 시 농촌 인구들은 잠재적인 산업의 역군으로 전환될 수 있음도 언급하였다. 북한의 경쟁적인 노동력은 북한의 개혁·개방 시 생산요소의 이동을 통해 남한에 공급될 수도 있지만, 북한 내의 노동집약적 산업의 특화를 통해 북한의 주요 교역품 생산에 집중될 수 있을 것이다.

(3) 북한의 개방으로 인한 무역 패턴 예측

남북한 경제통합 시 산업 구조의 비대칭성과 자원 부존도의 차이는 남북한 무역 확대를 견인할 수 있는 중요한 요소가 될 것이다. 북한은 개혁·개방을 통해 남한으로의 광물자원의 수출 및 제조업·광업 부문에서 남한의 무역을 보완하며 이익을 취할 수 있을 것이다. Noland, Robinson and Scatasta(1997)는 남한과 일본의 북한 교역 자료를 바탕으로 북한의 비교우위 상품이 생선이나 광물과 같은 1차 상품과 직물 혹은 옷과 같은 제조업 상품임을 밝혔다. 이런 남북한 간 주력 산업의 차이는 산업 간 무역(Inter-industry trade)을 확대시키는 데 기여할 것이다. 이석(2013)은 북한과 남한의 요소 부존도의 차이를 가지고 북한은 개방을 통해 노동집약적 재화 생산에 특화, 수출할 것임을 헥셔-올린(Hecksher-Ohlin) 이론에 따라 설명하였다. 북한이 남한에 비하여 상대적으로 자본보다 노동의 생산요소가 풍부하며 북한에서 생산되는 노동집약적 재화의 상대가격이 세계 시장에서 생산 거래되는 노동집약적 재화의 상대가격보다 낮을 것으로 예상하였고 이를 통해 북한의 개방은 일차적으로 노동집약적 산업으로의 특화를 통해 북한의 노동집약적 재화의 수출을 증가시킬 것이고, 이어 북한 내에서 수출되는 해당 상품의 상대가격 상승으로 이어져 북한 노동력의 후생을 증가시킬 것으로 보았다.

종합해 보면, 북한의 개혁·개방 시 남북한 간의 무역 패턴은 초기에 부존자원 및 요소의 차이, 주력 산업의 차이로 인하여 남북한이 산업 간 무역에 집중할 것으로 예상되며 북한의 경제개발을 통해 장기적으로 남한과의 산업 내 무역(Intra-industry trade) 역시 확대될 것으로 예상된다. 즉, 북한의 개혁·개방 초기에는 북한은 남한과의 보완적인 산업 간 무역이 가능할 것이나 남북한 간의 근거리인 지리적 조건과 공통 언어 또한 역사적인 공통성은 북한이 개방을 통한 경제 발전에 과정에서 남한과의 산업 내 무역을 확대하는 데에도 크게 기여할 것이다.

3. 남북한 경제통합과 북한의 다자 무역 확대

본 절에서는 남북한의 경제통합에 따른 남북 무역 확대와 더불어 국제사회에서 북한의 다자 무역 확대를 분석하였다. 북한의 2012년 총 교역 규모는 약 68.1억 달러이고 그 중 남한과의 교역 규모는 약 29% 정도이며 중국과 그 밖의 대부분의 무역을 하고 있다. 남북한 경제통합은 북한의 대 남한 무역을 촉진시킬 뿐 아니라 북한이 국제사회로부터 받아 오던 무역 제재로부터 벗어나고 북한의 다자 무역을 촉진하게 될 것이다. 미국과 일본, 일부 유럽 국가들은 북한의 핵 실험 시작 이후 2000년대 초반부터 북한에 대한 무역 제재에 참여하고 있다. 남북한 경제통합은 이런 북한의 경제적 고립을 해소시키고 국제사회에서 북한의 시장경제적 접근을 유도하는 계

그림 3-7 | 북한의 대미 무역 변화 추정(2005년 기준 가격, 단위: 억 달러)

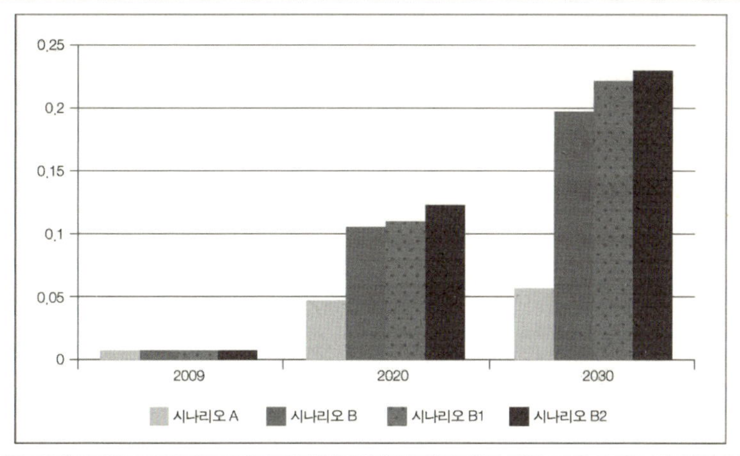

주: 저자 작성

기를 마련할 것이다. <그림 3-7>은 위에서 제시한 남북한 통합 시나리오에 따라 북한의 대 미국 무역 변화를 추정하였다. 미국의 GDP와 1인당 GDP는 OECD Economic Outlook에서 제공하는 2050년까지의 예상 경제성장률과 인구증가율을 바탕으로 추정하였다. 2009년 당시 북한과 미국의 교역은 거의 없는 것으로 나타났다. 북한이 개혁·개방을 할 경우 미국이 북한에게 가하던 무역 제제가 사라지는 것을 가정하였다. 북한의 개방은 미국과의 무역을 늘리고 2030년에 시나리오 B2 기준 약 220만 달러까지 무역을 증가시키는 효과가 있는 것으로 예상된다.

<그림 3-8>은 북한의 대중 무역 변화를 추정한 것이다. 중국의 GDP와 1인당 GDP는 OECD Economic Outlook에서 제공하는 2050년까지의 예상 경제성장률과 인구증가율을 바탕으로 추정하였다. 2009년 북한과

그림 3-8 | 북한의 대중 무역 변화 추정(2005년 기준 가격, 단위: 억 달러)

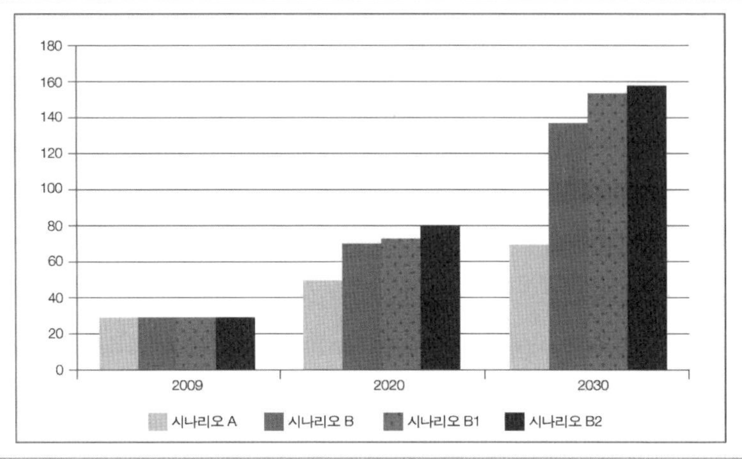

주: 저자 작성

중국의 교역 규모는 약 29억 달러에 달하며 중국은 북한의 최대 교역국으로 자리 잡고 있다. 중국은 북한과 인접하고 있으며 언어적 이질성을 제외하고는 남한만큼 북한과 가까운 문화적, 역사적 관계를 형성하고 있기 때문이다. 북한의 개방을 통한 북한의 대중 무역 변화를 추정하여 본 결과 2030년 북한과 중국의 교역 규모는 약 5배 정도 증가하여 시나리오 B2 기준 약 160억 달러에 달할 것으로 예상된다.

〈그림 3-9〉는 북한의 대일 무역 변화를 추정한 것이다. 일본의 GDP와 1인당 GDP는 OECD Economic Outlook에서 제공하는 2050년까지의 예상 경제성장률과 인구증가율을 바탕으로 추정하였다. 2009년 북한과 일본의 교역 규모 역시 미미하며 경제적 교류가 거의 없는 상태이다. 북한의 개방을 통한 북한의 대일 무역 변화를 추정하여 본 결과 2030년 북한의

그림 3-9 | 북한의 대일 무역 변화 추정 (2005년 기준 가격, 단위: 억 달러)

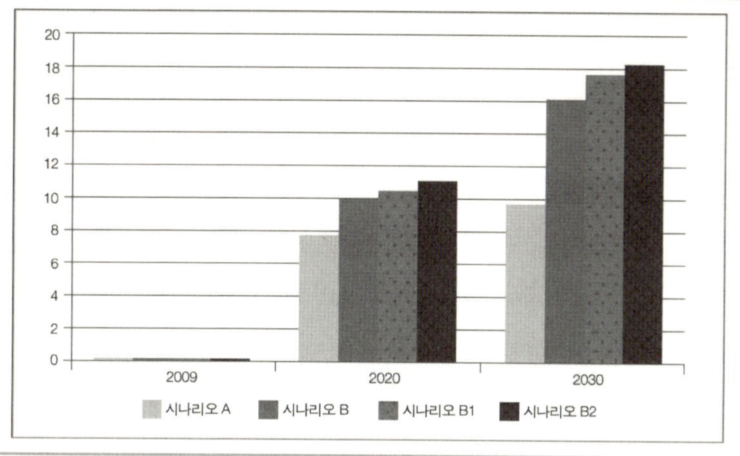

주: 저자 작성

일본과의 교역 규모는 시나리오 B2 기준 약 18억 달러에 달할 것으로 예상된다. 이런 무역 규모 확대 역시 북한과 일본의 지리적 근접성에 많은 영향을 받는다고 하겠다.

북한의 다자 무역 추정 결과를 통해 북한의 개혁·개방은 북한의 남한과의 무역 증대뿐만 아니라 북한과 현재 교류가 단절된 제3국가들과의 무역 확대를 촉진하여 북한의 경제성장의 모멘텀을 확보하는 데 큰 기여를 할 것으로 예상된다.

4장

한반도 평화와 전쟁 방지의 경제적 혜택

제4장에서는 남북한의 경제통합으로 인한 한반도의 평화 유지가 남북한의 전반적인 경제 활동에 미치는 영향을 조명하였다. 전쟁은 간헐적인 사건이지만 극단적이고 부정적인 결과를 초래하기 때문에, 전쟁 발생의 불확실성은 경제 내의 소비자 및 투자자들의 경제 활동을 교란시킨다. 그러므로 남북한의 경제통합을 통해 한반도에 상존하는 전쟁의 불확실성이 해소된다면, 남북한의 경제 주체들 및 해외 투자자들의 제반 경제 활동이 촉진될 것이다. 또한 남북한의 경제통합으로 인한 전쟁 방지의 혜택은 경제 규모가 작고 개발 시작 단계에 있는 북한보다, 경제적인 기반이 이미 마련되어 선진 경제로 도약하려는 남한에 더욱 크게 나타날 수 있다. 즉, 경제통합으로 인해 남한이 누릴 수 있는 전쟁 방지의 혜택은 앞서 살펴본 무역의 확대 외에도 전쟁의 불확실성 해소로 인하여 남한의 실물시장 및 금융시장에서 나타날 수 있는 유·무형의 여러 가지 편익을 생각할 수 있다.

제1절에서는 전쟁과 무역, 해외 직접투자의 관계에 관한 기존의 연구를 소개하고, 남북한의 전쟁 발생 위험이 상존할 경우 이런 전쟁 위험이 남북한의 무역에 미치는 영향을 추정하였다. 제2절에서는 기존의 연구를 바탕으로 한반도의 전쟁 위험 해소로 인한 남북한 실물시장에 미치는 영향을 논의하였다. 또한 제3절에서는 한반도의 전쟁 위험 해소가 야기할 수 있는 남한 금융시장에 미치는 영향—국가 신용등급 상승, 외국인 투자 유치, 변동성 감소 등—을 검토하고 논의하였다.

1. 전쟁 위험 해소가 무역과 해외 직접투자(FDI)에 미치는 영향

1) 전쟁과 무역/해외 직접투자: 기존 연구와 사례들

정치경제학, 국제관계와 관련된 많은 연구들이 전쟁과 정치적 분쟁 등 국가 간의 정치적인 변수들과 무역과 투자 혹은 국가 내의 제반 경제 활동 등 경제적 변수들 간의 상관관계에 대한 분석을 진행해 오고 있다. 특히, 정치학, 국제관계의 연구들에서는 무역 등 국가 간의 경제적 교류가 정치적 분쟁을 줄이는 역할을 하는지 오히려 늘리는지에 대해 주된 관심을 가지고 있다(Oneal and Russett 1999, Barbieri, 2002, Gartzke and Li, 2003). 반면에 경제학 연구들에서는 정치적 리스크나 전쟁의 부정적인 충격 등을 외생적인 사건으로 간주하고 이런 충격이 경제 활동에 미치는 영향을 분석하는 데에 주력하고 있다(Glick and Taylor, 2005, and Blomberg and Hess, 2006).

그림 4-1 | 영국-아르헨티나의 포클랜드 전쟁과 양자 무역(단위: 백만 달러)

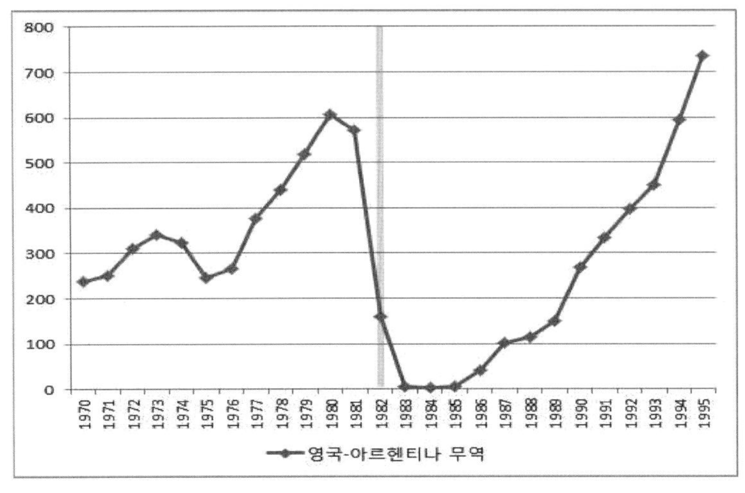

자료: Direction of Trade(DOT), IMF

물론 양방향의 인과관계가 가능하기 때문에 많은 연구들이 이런 분쟁과 경제 변수 사이의 내생적인 관계를 통제하는 데에 주의를 기울이고 있다(Martin, Mayer and Thoenig, 2008; Lee and Pyun 2012). 본 절에서는 이와 같은 기존 연구들을 바탕으로 남북한의 경제통합으로 인해 파생될 수 있는 한반도의 평화 유지가 남북한의 경제 교류 및 개별 경제에 미치는 영향이 어떠한지 분석하였다.

전쟁은 국가 간 관계에서 나타날 수 있는 가장 부정적인 사건으로 국가 간 교류 단절은 물론 국가 내의 모든 경제적 활동을 저해할 수 있다. 실제로 역사적 사건들을 통해 국가 간 전쟁과 무역의 관계를 살펴보면 전쟁이 양자 간 무역을 유의하게 감소시키는 것을 확인할 수 있다. 〈그림 4-1〉은

그림 4-2 | 중국-인도의 영토 분쟁과 양자 무역(단위: 백만 달러)

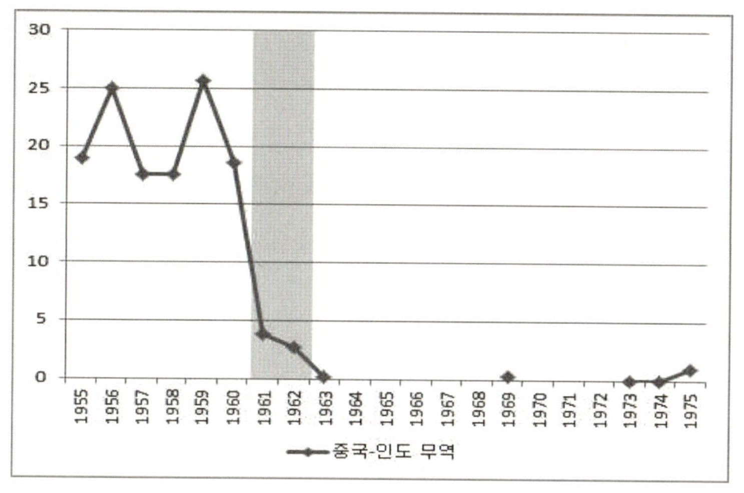

자료: Direction of Trade(DOT), IMF

영국과 아르헨티나의 1982년 포클랜드 전쟁(Falklands War)을 기준으로 영국과 아르헨티나의 양자 무역을 그려 본 것이다. 1981년 기준 영국과 아르헨티나의 무역은 6억 달러에 육박하였으나 전쟁 이후 무역량이 0에 가깝게 감소하였고 1985년까지 무역량이 0에서 회복되지 않았다. 전쟁은 1982년 4월부터 6월까지 2개월간 지속되었으나 무역량이 전쟁 이전 수준으로 회복되기 까지는 약 13년 이상이 걸린 것이다.

또한 〈그림 4-2〉는 중국과 인도의 1962년 발생한 영토 분쟁(Sino-Indian Border Conflict)을 기준으로 중국과 인도의 양자 무역을 그려 보았다. 1960년 기준 중국과 인도의 무역은 2,000달러의 규모였으나 전쟁 이후 무역량이 0에 가깝게 감소하였고 약 10년 이상에 걸쳐 중국과 인도의 경제적 교류 관계가 단절되었다.

위의 두 가지 예에서 볼 수 있듯이 전쟁이 무역에 미치는 부정적 영향은 그 크기와 지속성에 있어 심각한 수준임을 알 수 있다. 반대로 전쟁의 기회비용 개념으로 무역의 지속 및 확대로 인한 이익을 생각해 볼 수도 있다. 이미 많은 이전 연구들에서는 국가 간 정치적 분쟁 혹은 전쟁이 국가 간의 무역에 부정적인 영향을 미친다는 연구 결과를 제시해 왔다. Blomberg and Hess(2006)에서는 테러리즘, 국내 또는 국외의 전쟁 등 포괄적인 폭력이 무역에 미치는 영향을 분석한 결과 이런 전쟁 사건들이 무역에 약 30%의 관세를 매기는 것과 같은 효과가 있다고 주장하였다. Glick and Taylor(2008)에서는 1차 세계대전 이전을 포함하는 긴 데이터를 이용하여 전쟁이 무역에 미치는 영향을 분석한 결과 전쟁이 무역에 미치는 영향이 보다 크고 지속적임을 발견하였다. Lee and Pyun(2012)에서는 전쟁이 양자 간 무역에 미치는 영향뿐만 아니라 다자 간 무역에 미치는 영향을 분석하였다. Lee and Pyun(2012)에 따르면 실제로 5년 동안 국가 간에 국지도발 및 전쟁이 지속된다면 국가 간의 무역 의존도(GDP 대비 양자 간 무역의 기하 평균)가 350% 감소되는 것으로 추정하였다. 또한, 전쟁이 국가 간의 해외 직접투자(Foreign Direct Investment)에 부정적인 영향을 미친다는 연구도 있다. Li and Vashchilko(2010)에서는 1980년부터 2000년까지 58개국을 대상으로 전쟁을 비롯한 정치적 분쟁이 해외 직접투자에 미치는 영향을 분석하였다. 특별히 실질소득 1만 2,000달러를 기준으로 높은 소득 수준의 국가와 낮은 소득 수준의 국가로 국가 군을 분류하여 이런 국가 군 사이에서 분쟁이 해외 직접투자에 미치는 영향을 분석한 결과, 높은 소득-낮은 소득의 국가 사이에서 분쟁은 해외 직접투자를 유의하게 줄이는 반면 높은 소득-높은 소득 국가 사이에서 분쟁은 해외 직접투자의 변화에 유의한 영향을 주지 않는 것으로 나타났다. 이는 국간 안보 또는 정치적 분쟁의 요인이 높은 소득 국가에서 낮은 소득 국가로 가는 수직적인 직접투자에는 영향을 주지만, 높은 소득 국가 간의 수평적인 직접투자에는 영향이 적음을 밝힌 것이다. 추가로 정치적 동맹 등 국가 간 유대 관계는 해외 직접투자를 늘리는 것으로 나타났다.

2) 전쟁 위험 해소로 인한 남북한 무역의 혜택

전쟁이 무역에 부정적인 영향을 준다는 것에는 이견이 없으나 그 부정적인 효과가 얼마나 큰지에 대해서는 구체적인 분석이 제시될 필요가 있다. 이런 전쟁 위험 해소로 인한 남북한 무역의 혜택을 앞서 제시한 중력모형을 통해 분석하였다. 〈그림 4-3〉에서는 북한의 개혁·개방 시나리오 B를 기준으로 개방 이후에도 전쟁 및 국지 도발이 약 50%의 확률로 상존할 경우의 무역량을 추정해 보았다. 북한의 개방 이후에도 남북한 간 분쟁 위험이 지속된다면 이는 남북한 간의 무역을 줄일 것이기 때문에 남북 통합 시 전쟁 발생 확률이 0이 된다는 가정을 바꾸어, 남북 경제통합 시에도 50%의 확률로 국지 도발 혹은 전쟁의 위험이 있다고 가정하였다. 실제로 50%의 국지 도발 위험이 있을 때 평균적으로 평화 시의 무역량의 약 21% 정도 감소하는 것으로 나타났다.

그림 4-3 | 전쟁 해소 시와 전쟁 위험 상존 시 무역량의 차이(2005년 기준 가격, 단위: 억 달러)

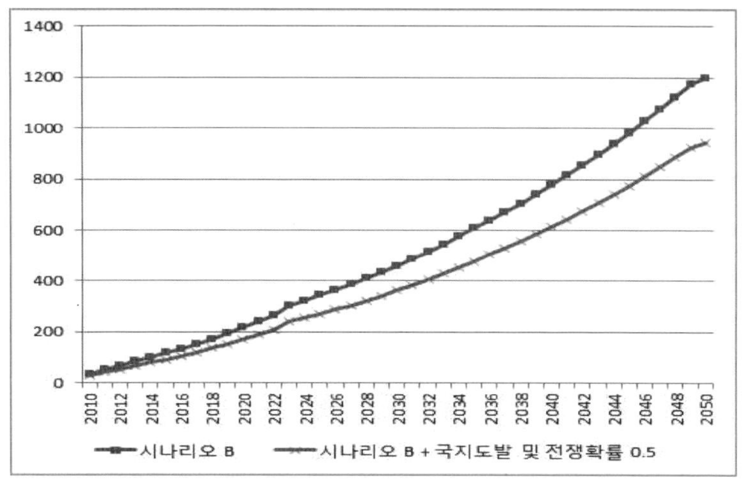

주: 저자 작성

2. 전쟁 위험 해소가 남한의 실물시장에 미치는 영향

국가 간 혹은 국내의 전쟁은 무력 충돌을 야기하고 국가 내의 제반 시설과 자본 파괴 및 국가 경제성장에 부정적인 결과를 가져 올 것이다. 또한 전쟁은 인명 피해를 통한 인적 자본의 감소에 이르기까지 경제 내의 부정적인 영향을 미칠 것이다. Murdoch and Sandler(2002)에서는 내전(Civil war)이 국가의 단기적인 경제성장에 상당히 부정적인 영향을 미칠 뿐만 아니라 인접한 국가의 성장에까지 부정적인 영향을 가져 옴을 보였다.

또한 전쟁의 불확실성 자체가 국내 소비자 및 투자자들의 경제 활동을 교란할 수 있다. 낮은 확률에도 불구하고 전쟁이 발발할 경우, 전쟁이 미치는 부정적인 영향을 고려할 때 전쟁 발생에 대한 불확실성 자체가 경제 내의 변동성을 높이고 후생을 낮춘다고 주장하는 연구들이 있다.[1] Hess(2003)에서는 전쟁의 부정적인 결과를 고려하여 전쟁을 방지하기 위해 개인들이 전쟁 방지금을 낼 경우 그 방지금의 크기가 굉장히 크며, 그 규모가 평생 동안 현재 소비의 8%씩을 매년 포기하는 것과 같은 크기라고 분석하였다. Barro(2010)에서는 OECD 국가들의 자료를 통해 세계 1, 2차 세계대전 등을 포함한 전쟁의 결과로 미루어 볼 때 낮은 발생 확률의 전쟁이라 하더라도 전쟁의 위험으로 인한 예상 손실은 무척 크며 이런 전쟁 위험의 상존은 이들 국가들의 GDP의 20%를 매년 낮추는 것과 같은 효과라고 주장하였다. Lee and Barro(2011) 역시 1915년부터 2000년 사이의 동아시아 10개국의 전쟁 방지(전쟁의 확률이 0이 될 경우)로 인한 후생 효과는 전쟁의 충격이 일시적일 때 각 국가의 소비를 매년 1.1% 증가시키는 것과 같고, 충격이 지속적일 때 각 국가의 소비를 매년 8.5% 증가시키는 것과 같은 결과를 가져 온다고 보았다.

전쟁의 불확실성을 고려한 이전 연구들을 검토할 때 남북한의 경제통합으로 인한 남북한 간 전쟁의 불확실성이 완전히 해소된다면 이는 남한의 소비 및 투자의 변동성을 줄이고 후생을 높일 것으로 예상된다.

1_Lucas(1987)을 시작으로 소비의 변동성 혹은 경기 변동성으로 야기되는 후생 효과의 크기에 대한 연구가 시작되었고, Lucas(1987)에서 제시한 이론적 틀 안에서 전쟁 위험이 소비 및 경기 변동성을 증폭시키는 후생 효과를 도출하였다.

3. 전쟁 위험 해소가 남한의 금융시장에 미치는 영향

1) 남한 금융시장의 변동성 감소

기대(Expectation)와 정보에 민감하게 반응하는 금융시장에서 북한의 위협 및 전쟁 발생의 높은 불확실성은 남한의 기업 및 자산에 대한 투자 수익률의 변동성을 높이는 부정적인 영향을 줄 수 있다. 또한, 지속적인 전쟁의 위협은 남한의 국가 신용도를 낮출 수 있고 국내 혹은 외국인 투자를 저해하는 요인이 될 수 있으며, 전쟁의 잠재적인 위험이 주식 가격 및 수익률에 내재되어 리스크 프리미엄을 높이는 역할을 할 수도 있다. 무엇보다 금융시장이 전 세계적으로 통합되는 상황에서 전쟁 불확실성의 상존은 남한으로의 외국인 투자를 저해하고 금융시장 간의 통합을 저해할 것이다. 북한의 위협 및 국지 도발 등의 사건들이 특별히 남한의 금융시장에 미친 영향을 분석한 이전 연구들이 있다. 이근영(2006)은 북한 핵 관련 뉴스가 국내 주식 및 외환 시장에 미치는 영향을 분석하였는데 북한 관련 뉴스가 있는 날 충격으로 측정된 전쟁의 위험 증대가 유가증권 시장은 물론 코스닥 시장의 주가를 하락시키고 원/달러 환율을 상승시킴을 발견하였다. 이명활(2012)은 특별히 김정일 위원장의 사망 사건을 기준으로 발생한 북한 리스크가 국내 금융시장에 미치는 영향을 분석하였는데 예전에 발생한 북한 리스크들과 비교하여 김정일 위원장 사망 사건으로 인한 북한의 정치적 불안이 미치는 영향이 전 세계적인 불안 요인과 함께 남한 경제에 부정적으로 작용할 우려가 있음을 시사하였다. 반면에, Kim and Roland(2010)에서는 2000년부터 2008년 사이에 발생한 북한의 핵 실험 등 북한의 위협

사건들이 남한 금융시장에 미치는 영향을 분석한 결과 북한의 위협이 남한 금융시장에 미치는 유의한 영향이 없는 것으로 분석하였다. 편주현·허인(2013)에서는 2004년 이후 북한의 핵 실험을 통한 북한의 핵 관련 리스크[2]에 주목하여 남한 금융시장에 미친 영향을 분석한 결과 특별히 북한의 1차 핵 실험과 관련된 북한 리스크의 확대가 남한의 주식시장에서 주가를 떨어뜨리는 유의한 영향을 주었지만, 시간이 흐르며 북한의 핵 리스크가 남한 금융시장에 미치는 영향이 줄어듦을 보였다.

이전의 연구들을 종합해 볼 때 북한 리스크가 남한의 금융시장에 장기적이고 지속적인 영향을 준다는 근거를 찾을 수는 없었지만, 한반도의 전쟁 위험 해소는 북한의 위협으로 발생할 수 있는 남한 금융시장의 단기적인 변동성을 줄이고 남한의 금융시장을 안정화시키는 데 기여할 것으로 예상된다. 또한 전쟁의 불확실성이 해소된다면 남한 금융시장 내의 국내 투자 증가는 물론 활발한 외국인 투자 유치가 가능할 것으로 예상된다.

2) 국가신용등급 상승과 외채 이자부담 경감

남북한의 경제통합은 한반도에 내재된 전쟁 위험을 해소시키고 이에 따라 남한의 국가 신용등급이 재평가되어 신용등급 상승으로 이어지는 기회를 제공할 수 있다. 홍순직·최성근(2010)은 남북한의 전쟁 위험 해소가

2_북한의 핵 리스크를 측정하기 위해 금융시장에서 투자자들이 북한 핵 실험과 관련된 뉴스를 얼마나 많이 검색했는지를 측정한 구글 검색 정도 지수(Google Search Volume Index)를 사용하였다.

표 4-1 | 전쟁 위험 해소에 따른 국가 신용도 상승이 가져 오는 외채 이자 부담 경감

	시나리오 B		
	2015~25년	2015~35년	2015~50년
외채 이자 부담 경감 혜택 (2015년 기준 현재 가치)	81.7억 달러	158.98억 달러	273.95억 달러

남한의 국가 위험도 감소 효과로 이어져 외채 상환 이자 부담을 경감시킬 것이라 주장하였다. 홍순직·최성근(2010)은 이런 한반도의 전쟁 위험 해소에 따라 남한의 해외 차입 금리가 선진국 수준으로 현재보다 약 0.2%p 가량 인하되어 이자 부담이 경감될 것으로 예상하고 추정한 결과 전쟁 위험 해소 시점으로부터 15년간 약 230억 달러에 이르는 이자 경감 혜택이 있다고 추산하였다. 본 연구에서는 홍순직·최성근(2010)의 방법을 기초로 남한의 GDP 대비 외채 규모가 일정하다고 가정하고, 남북한 통합 기본 시나리오 B(북한의 개혁·개방)가 전개될 때 남한의 국가 신용도 상승으로 인한 외채 부담 경감의 혜택을 계산하였다. 남한의 GDP 대비 총 외채 비율은 2009년 이후 약 35% 수준에서 유지되고 있으며, 주요 선진국에 비해 낮은 수준이다. 또한 북한의 개방 시 발생하는 전쟁 위험 해소에 따라 남한의 해외 차입 금리가 0.2%p 가량 인하된다고 가정하였다. 그리고 이자율을 3%로 가정하고 이를 할인율로 적용하였다. 〈표 4-1〉에서 위의 가정에 따라 남한의 외채 이자 부담 경감 혜택을 계산한 결과를 보도하였다. 2015년부터 2050년까지 전쟁 위험 해소 인한 이자 부담 경감 혜택은 약 274억 달러에 이르는 것을 알 수 있다.

5장

남북한 경제통합의 청년 세대에 대한 경제적 혜택

1. 배경 및 연구 범위

제5장에서는 남북한 경제통합이 점진적으로 진행되고 북한의 노동시장 역시 점진적으로 개방될 경우 남한의 청년 세대가 누리게 될 경제적 혜택에 연구의 초점을 둔다. 남북한 통일에 대한 기존의 연구는 주로 비용 분석에 초점을 둔 경향이 강하며, 혜택 분석 역시 거시적인 관점에서 진행되어 왔다. 또한 한반도 통일의 참고 사례가 되는 독일의 통일에 대한 연구 역시 통일 이후의 비용 분석 또는 동독 지역 출신 주민이 얻게 된 혜택에 집중되어 왔으며, 서독과 동독의 격차가 분야별로 얼마나 감소하였는지 분석하는 데 초점을 두고 있다. 이에 따라 본 장은 지금까지의 분석을 바탕으로 남북한의 점진적 경제통합으로 인해 남한의 청년 세대가 누리게 될 경제적 혜택을 정성적으로 분석한다. 이를 논의하기 전에, 남북한 통일에 대

한 인식 및 여론조사를 살펴보고, 특히 통일에 대한 청년 세대의 인식을 먼저 살펴본다.

2. 남북한 통일에 대한 인식 및 여론조사 결과

본 보고서에서는 남북한 통일에 대한 인식 및 여론조사를 직접 수행하지 않고 기존의 조사 결과를 요약하여 정리한다.

2010년부터 2013년까지 진행된 KBS의 4차례 조사(연도별 KBS 국민 통일 의식 조사)에서 북한을 '경계 대상'으로 인식하는 응답이 가장 많았는데, 조사 시점에서의 북핵 문제와 군사적 대립으로 인한 남북관계의 경색 여부에 따라 '경계 대상' 및 '협력 대상'이라는 인식 비중이 상호 영향을 미치는 것으로 나타났다. 동 조사의 결과를 분석하면, 전반적으로 북한을 '경계 대상'이면서 '협력 대상'으로 인식하는 비율이 2010년 이후 지속적으로 증가한 것은 중요한 추세적 의미가 있는데, 향후 남북관계가 직접적인 군사적 충돌로 이어지지만 않는다면 북한은 '경계 대상'인 동시에 '협력 대상'이라는 인식이 추세적으로 유지될 것으로 추정된다.

이와 같이 북한에 대한 인식의 변화에도 불구하고, 통일에 대한 남한 국민의 관심은 매우 높은 것으로 나타났다. 1999~2013년의 KBS 조사에서 남한 국민의 70% 내외가 통일에 대해 관심이 있다고 응답하였는데, '대체로 관심이 있는 편이다'는 응답이 가장 높은 비율로 안정적인 추세를 나타내고 있다. 북한에 대한 국민 여론의 변화는 2000년 남북 정상회담 이후 남북관계 변화에 영향을 받은 것으로 보이는데, 향후 남북관계 등에 따라 통일에 대한 국민들의 관심은 변화가 있겠지만 전반적인 추세는 2010년 이후의 수치와 유사한 수준에서 유지할 것으로 전망된다(연도별 KBS 국민 통일 의식 조사).

통일에 대한 남한 국민의 인식은 2005년에서 2013년까지의 KBS 조사에서 '큰 부담만 없다면 통일되는 것이 좋다'는 현실적인 대안을 가장 많이 선택했고, 2010~2013년 조사에서는 40%대의 비율이 유지되었다(연도별 KBS 국민 통일 의식 조사). 2005년 이후 '큰 부담이 없는 통일'을 가장 선호하는 추세는 앞으로도 지속될 가능성이 있는데, 남한 국민은 평화와 경제 발전을 모두 기대하는 선택을 앞으로도 지속할 것으로 보이며, 통일에 대한 경제적 부담감에 대한 우려 역시 지속될 것으로 평가된다.

이에 반해 북한 이탈 주민의 통일 문제에 대한 인식은 남한 국민에 비해 보다 적극적인 것으로 나타났다. 김영하(2010)에 따르면, 북한 이탈 주민의 경우 '가능한 빠른 통일을 해야 한다'는 의견이 가장 많은데, 이는 북한 이탈 주민의 경우 친척이나 가족이 북한에 남아 있는 경우가 많으므로 실향민으로서 단시일 내 통일을 이루어야 한다는 의지가 강한 것으로 평가된다.

이에 반해, '통일이 되면 어떤 점이 좋아질 것인가'에 대한 질문에 남한 국민은 '전쟁 위협의 해소', '한반도 경제성장' 등을 선택하였다(연도별 KBS 국민 통일 의식 조사). 북한 이탈 주민의 경우 체감하는 통일의 혜택과 관련되어서는 유형의 혜택 중 경제적 이익 증대가 가장 큰 것으로 나타났는데, 무형의 혜택에서는 국제적 위상 제고가 가장 많았으며, 다음으로 이산가족 문제의 해결 순으로 나타났다. 유형의 혜택에서는 경제적 이익 증대가 압도적이었으며, 무형의 혜택에서는 대부분이 고르게 나타나 유형보다는 무형의 혜택에서 기대가 고른 것으로 보인다(김영하, 2010).

상기 분석 결과와 더불어 정은미·송영훈(2012)의 연구 결과에 따르면, 통일 이익에 대한 기대에 대해 남북한 주민 간 큰 격차가 있는 것으로 나타났다. 이러한 격차의 발생은 북한 이탈 주민의 경우 북한이 현재 처한 경제 상황이 매우 나쁘기 때문에 통일이 북한의 경제성장 및 경제 환경의 변화에 도움이 된다고 생각하는 반면에, 남한 주민은 통일이 되었을 때 남한이 부담해야 할 몫이 크다고 생각하기 때문인 것으로 해석된다. 이에 반해 통일 시 우려되는 점으로 남한의 경제적 부담과 사회적 혼란에 대한 우려가 많은 것으로 나타났다(연도별 KBS 국민 통일 의식 조사). 그러나 이와 같은 통일 비용에 대한 부담에도 불구하고, 통일 비용에 대한 개인적 부담에 대한 인식은 연소득의 일정액을 부담할 수 있다는 응답이 높은 것으로 나타났다(연도별 KBS 국민 통일 의식 조사). 이는 통일을 불가피한 과정으로 이해하는 판단이 증가하고 있는 것으로 해석될 수 있다.

통일의 혜택에 대한 인식을 세대별로 조사(서울대 통일평화연구소의 연도별 조사)한 결과, 모든 연령층과 조사 시기에서 통일에 대한 부정적인 의견이 긍정적인 의견보다 3배 가까이 압도적인 우위를 나타내고 있다. 특히 세대별 인식의 차이 역시 큰 것으로 나타났는데, 19~29세의 청년 세대에서는 2008년부터 2011년까지 통일이 이익이 되지 않는다는 의견이 크게 증가하여 30대 및 40대와 상대적으로 큰 인식의 차이를 나타내었다.

실업 문제는 청년 세대가 가장 민감하게 반응하는 문제 중의 하나인바, 통일 후 실업 문제 개선 정도에 대한 예측 역시 다소 부정적이다(서울대 통일평화연구소의 연도별 조사). 따라서 청년 세대가 통일에 대해 상대적으로 부정적이지만, 만약 통일로 인해 취업 기회의 확대에 대한 여지가 존재한다면 통일에 대한 인식도 바뀔 수 있을 것이라 평가된다.

결국 상기 설문조사 결과를 종합하면, 청년 세대는 통일의 당위성 및 필요성에 대해 충분히 인식하고 있으나, 통일 후 닥쳐 올 사회 문제에 대해 부정적 예측이 만연한 것으로 나타나고 있다. 따라서 통일을 추진하는 과정에서 정부가 정치적으로 가장 우선 고려하여야 할 사항은 통일에 대한 막연한 두려움과 통일 후 예상되는 정치, 경제, 사회, 문화 측면에서의 부정적인 인식을 어떻게 해소하느냐의 문제이다.

3. 군 복무 형태의 변화에 따른 혜택

1) 독일의 사례

독일은 통일 후 병력이 대폭 감소하였고 병역 의무 복무 기간도 단축되어 국가 전체뿐만 아니라 청년 개인들에게도 다양한 혜택이 제공되었다. 〈표 5-1〉에 나타난 바와 같이, 통일 당시 구서독은 약 50만 명, 구동독은 약 26만 명의 병력을 보유하고 있었으나, 통일 직후 1993년 약 40만 명으로 감축되었고 2002년부터 병역 의무 복무 기간을 9개월로 정하였으며, '6+3'개월로 기간을 나누어 복무할 수 있는 '분할 복무제'를 도입하였다. GNP 대비 국방비 비중 역시 서독과 동독이 각각 3%, 9% 수준이었으나, 통일 직후 1993년에는 2% 수준으로 급감하였다. 또한 23개월까지 복무 연장이 가능하며, 2004년 7월부터 기혼자나 23세 이상은 의무 복무가 면제되고, 가정 문제 또는 직장 문제 등 개인 형편에 따라 입대 시기를 조정할 수 있다. 독일의 국방부는 복무 연장 사병이나 부사관들이 사회 직업 능

표 5-1 | 동·서독과 통일 독일의 군사 관련 자료 비교(1993년 가격 기준)

연도	구분	국방비 (백만 달러)	병력 (천 명)	GNP (백만 달러)	인구 (백만 명)	GNP 대비 국방비(%)	1인당 국방비	1인당 GNP(달러)
1989	동독	15,900	262	181,300	17	9	961	10,960
	서독	41,030	503	1,460,000	62	3	661	23,520
1993	통독	36,650	398	1,698,000	81	2	454	21,020

자료: 이태욱 외(2000)

력을 배양하도록 인력 투자를 강화하고 있으며, 기업들과 협력하여 중장기 근무 장병에게 수준 높은 직업훈련을 제공하고 있다. 이에 따라 국가 전체적으로도 군대 유지비가 감소했을 뿐만 아니라 병역 의무 복무 기간의 단축에 따라 청년들의 산업 현장 진입이 빨라지게 되어 경제성장에 기여하게 되었다.

2) 병역 제도의 변화 및 그에 따른 혜택

통일 한국에서는 병역 제도를 징병제에서 본인의 지원에 의한 직업 군인을 모병하여 군대를 유지하는 '지원병제'로 전환하여야 할 것이다. '지원병제'로 전환될 경우 국가 전체 차원에서 인재 활용에 따른 사회적 비용 부담이 줄어들고, 직업 선택의 자유를 보장하여 군의 병력 인사 체계가 보다 효율적으로 운영될 수 있다. '지원병제'에서는 급여 및 모병 비용이 많이 소요되나, 효율적인 인재 활용으로 훈련 비용이 감소하고 징병제로 인한 불필요한 예산이 절감될 수 있으며 최소 복무 기간이 늘어나기 때문에 부사관을 비롯한 병사의 전문성을 강화할 수 있다. 이상목(2002)의 연구에 따르면, '지원병제'로의 전환은 시장 메커니즘에 의한 군 인력의 보수와 국가 안전 보장의 직업화·전문화를 의미하므로 상대적으로 높은 임금에 상응하는 생산성이 발휘될 것이고, 그 결과 징병제보다 상대적으로 적은 인력으로 국가 안보 목표를 달성할 수 있게 될 것이라고 주장하였다.

개인적인 측면에서도 군 복무로 인한 각종 기회비용을 고려하여 군 복무 여부가 개인의 선택에 따라 결정될 수 있게 되며, 이에 따라 청년 시절의 생활 패턴 역시 변하게 되고 보다 장기적인 관점에서 자기 계발에 집중할 수 있다. 청년 세대의 개인적인 측면에서 20대 초반은 인생의 방향을 좌우하는 중요한 시기인데, 통일 한국의 병역 제도 변화로 인해 자신의 인생 목표 및 과정을 장기적인 관점에서 연속성을 가지고 설정할 수 있으며 그 목표를 달성할 수 있도록 자기 계발에 힘쓸 수 있을 것으로 기대된다.

또한 '지원병제'로의 전환은 '직업 군인'이라는 또 다른 취업 기회를 제공하여 실업 문제에 민감한 청년 세대에게 새로운 기회를 부여할 것이다. 이는 '지원병제'로 전환될 경우 사병 급여의 현실화가 전제되어야 하는데, 보다 높은 급여에 의해 '직업 군인'에 대한 수요가 통일 이전보다 더 증가할 가능성이 높기 때문이다. 또한 사병부터 체계적으로 전문성을 높일 경우 개인적으로도 직업 만족도 및 자부심이 높을 것으로 평가되며, 군 내부에서도 현재 장교급 위주의 군 인사 체계가 보다 다양한 채널로 전문성을 확보할 수 있어 통일 한국 군대의 전문성을 강화할 수 있는 계기가 될 것으로 평가된다. 이를 위해 통일 독일의 경험을 활용하여 부사관과 지원병에 응한 '직업 군인'에게 광범위한 승진, 전환 근무, 신분 상승 등의 기회를 제공하고, 본인이 원할 경우 장기 복무 이후 민간 직업 자격을 획득할 수 있도록 지원하여야 할 것이다.

4. 취업 및 창업 기회의 확대에 따른 혜택

1) 독일의 사례

독일에서는 통일 이후 서독 노동자의 기술 숙련도에 따라 혜택의 차이가 발생하였으며, 동독 노동자의 경우도 경제체제의 변화에 따라 상이한 결과를 초래하였다. 서독 출신의 숙련 노동자(skilled workers)는 상대적으로 동독 출신의 숙련 노동자보다 높은 경쟁력을 나타내며 통일의 혜택을 수혜 받을 수 있었던 반면, 서독 출신의 비숙련 노동자(unskilled workers)의 경우 상대적으로 임금이 저렴한 동독 출신의 비숙련 노동자들에 비해 취업의 어려움을 겪었다고 한다. 이에 반해 동독 출신 숙련 노동자들은 그들이 가지고 있는 기술이 주로 계획경제에서 상대적으로 효율적인 기술인 경우가 많아 시장경제체제에서는 보유 기술과 구직 과정에서 필요한 기술 사이에 괴리가 발생하여 기술상의 부조화(mismatch) 현상이 발생해 상대적으로 동독 출신 비숙련 노동자들에게 혜택이 집중되었다(Burda and Hunt, 2001).

교육 부문에서도 통일 이후 동독 지역의 교육 제도는 서독의 제도로 통합되었는데, 교육 전문성 및 지식 측면에서 서독 출신 교육자가 우선될 수 밖에 없는 상황이 발생하였다. 서독 출신 교육자에 대한 수요가 급증하면서 이미 은퇴하였거나 고연령의 서독 출신 교사들이 동독 지역에서 재임용 또는 고용되었다. 그러나 이에 반해 동독 출신 교육자들은 교육 제도 및 교과서 등이 서독의 제도로 변경됨에 따라 교육 전문성, 정치적 전력 등 검증 절차를 거쳐 그 결과에 따라 재임용되거나 해고되었다. 특히 전문적 능력을 요구하는 어문학 계열에서 이러한 현상이 두드러졌는데, 러시아어 위주의 동독 출신 외국어 과목 교수는 영어 및 불어와 같은 서유럽 언어를 가르치는 데에 부족한 역량을 나타내게 되어 서독 출신 교사 임용이 증가하는 요인이 되었다(Olk, 1995).

2) 취업 및 창업 기회 전망과 그에 따른 혜택

남북한의 경제통합이 점진적으로 진행될 경우 남북한 간 경제적 격차를 줄이기 위해 다양한 형태의 북한 경제개발 사업이 정부 및 민간 차원에서 진행되고 통일 한국의 내수시장이 확대될 가능성이 높아, 이로 인해 새로운 일자리가 창출될 것이며 다양한 분야에서의 창업 기회가 확대될 것으로 전망된다. 남북한 경제가 통합될 경우 초기 단계에서는 북한의 각종 인프라(도로, 통신, 공공 및 민간 기관, 의료 및 복지 시설, 교육시설, 비즈니스 관련 시설 등)에 대한 수요가 급증할 것으로 예상돼, 다양한 분야에서의 일자리가 창출될 것으로 기대된다.

또한 남북한 경제통합 및 통일 이후 단기간에 북한 주민의 구매력이 증가하기를 기대할 수는 없지만, 종국에 경제통합의 효과가 가시화되면 통일 한국의 내수시장은 현재보다 더욱 확대될 것으로 보여 일자리 및 창업 기회 또한 더욱 확대될 것으로 전망된다.

또한 독일의 경험에서도 나타났듯이, 시장경제체제 아래에서는 상대적으로 북한 청년보다 남한 청년의 자본주의체제 경험 및 지식이 우월하기 때문에 남한 청년들에게 더 많은 경제적 기회가 제공될 것으로 전망된다. 독일의 경험에 따르면, 동독 경제가 시장경제체제로 이행됨에 따라 필요한 마케팅·관련 경제법·경제학·외국어 등에 대한 지식, 위험을 감수하는 기업가 문화 등에서 동독 출신 청년들이 상대적으로 서독 출신보다 적응하는 데 어려움을 겪은 반면, 서독 출신 청년의 경우 상대적 우월성을 나타낸 것으로 평가된다(Burda and Hunt, 2001). Frese et al(1996)의 연구에서도 나타난 바와 같이 서독 및 동독 출신 노동자들이 보여 준 '노동에 대한 개인 주도성'(personal initiative) 간에 차이가 큰 것으로 나타나[1] 북한 출신 노동자 역시 시장경제체제에서 적응하는 데 다소 시일이 소요될 것으로 전망된다. 따라서 남북한 경제통합은 남한의 청년 세대에게 경제적으로 새로운 기회가 될 것이며, 청년 실업이 감소할 것으로 기대된다.

5. 기타 혜택

남북한의 통일로 인해 통일 한국의 국가 브랜드가 제고될 것으로 전망되어 이에 따른 국가 전체뿐만 아니라 개인적인 혜택까지 발생할 가능성이 높은 것으로 평가된다. 독일은 통일 이후 EU 회원국 중 영토·경제적인 측면에서 가장 큰 나라이며, 정치적으로도 그 영향력을 점차 확대해 나가고 있는데, 특히 그리스, 포르투갈, 스페인 등 EU 회원국들의 금융 위기를 타개해 나가는 과정에서 막강한 경제력을 바탕으로 강력한 리더십을 선보였다.

1_Frese et al(1996)의 연구에 따르면, 통일 이후 동독 출신 노동자는 매니저가 지켜보지 않으면 일손을 놓는 경우가 많아 '노동에 대한 개인 주도성'이 동독 지역의 노동생산성을 향상시키는 데 중요한 요소라고 지적하였다.

통일 한국 역시 경제통합의 효과가 확산될 경우 국가 브랜드가 제고되어 경제적·외교적 영향력이 지금보다 커질 것으로 전망된다. 앞서 제2장의 분석에서 나타난 바와 같이 남북한이 통일되고 국방비 감축, 남북 협력 사업의 확대, 남북한 교역의 확대로 이어질 경우 통일 한국의 GDP 규모는 G7 국가로 발돋움하여 경제적 지위가 상승하고 이에 통일 한국 국민들의 자부심 역시 상승할 것으로 기대된다. 한반도의 지리적 위치가 중국과 일본 사이에 있어 외교적 영향력이 급격히 확대되기는 쉽지 않지만, 국내보다 오히려 해외에서 그 역량을 발휘하는 한국 기업들과 한국인의 기질이 통일 한국과 함께 시너지 효과를 나타낸다면 외교적 영향력 역시 높아질 것으로 기대된다. 또한 박종철 외(2012)의 연구에서 나타난 바와 같이 통일 한국의 실현 과정에서 축적될 다자 협력의 경험은 동아시아 역내 안보 분야의 제도적 협력을 강화하고 동 지역에서의 외교적 역량을 배양하는 데 적극 활용될 수 있을 것이다. 이와 같은 통일 한국의 국가 브랜드 제고는 해외 진출을 꾀하는 기업뿐만 아니라 국제사회에서 일하게 될 청년 세대에게도 무형의 자산이 될 것으로 평가된다.

또한 통일 한국의 실현은 동아시아 최대의 안보 불안 요소인 북핵 위협이 성공적으로 제거됨을 뜻하기 때문에 이로 인해 가장 우선되는 혜택은 한반도에서의 안보 위협의 완화와 그에 따른 유·무형의 분단체제 유지비용의 소멸인데, 이와 같이 절감된 예산은 복지 및 교육 등의 예산으로 전용되어 통일 한국의 미래에 대한 장기적 투자로 사용될 수 있다. 먼저 방위비 측면에서 분단 시대에 지불할 수밖에 없었던 자원 및 생산적 노동의 낭비는 통일 한국 시대의 한반도 방위 비용을 제외하고 소멸될 전망이며, 그 동안 남북한 간 소모적인 이념 및 분단 관련 행정 비용 역시 소멸될 것이다.

이와 같이 절감된 예산은 통일 비용을 충당하는 데 사용될 수도 있지만, 종국엔 통일 한국사회에 필요한 사회복지, 교육 등의 부문으로 전용될 것이다. 통일 이후에도 사회복지 프로그램에 대한 수요는 지속적으로 증대될 것으로 전망되어, 국방비 절감에 따라 통일 한국정부의 예산 가용 능력이 보다 증대되어 국민의 수요에 맞춰 정부 예산이 사회복지 부문으로 편성된다면 이러한 수요를 충족시킬 수 있을 것으로 평가된다. 또한 교육, 연구 및 개발(R&D) 등의 분야에 예산 편성이 이루어진다면 장기적으로 통일 한국의 잠재성장률을 제고시킬 것으로 전망된다.

6장

동북아시아 경제통합에서의 통일 한국의 역할

제6장의 연구 목적은 남북한 경제가 점진적으로 통합될 경우 바람직한 통합 형태의 제도적 측면을 검토하여 제시하는 것이다. 또한 이와 같이 통합된 남북한 경제가 동아시아 경제통합에서 어떠한 역할을 수행할 수 있을지 전망한다.

전홍택(2012)의 연구에서 나타난 바와 같이 경제통합으로 발생될 여러 가지 혼란을 최소화하기 위해 본 연구 역시 남북한 경제통합을 정치적 통일과 분리하여 점진적으로 경제통합이 진행되는 시나리오를 분석하였다. 이러한 전제 아래, 남북한이 급진적으로 정치통합은 이루지만, 경제통합은 점진적으로 추진되는 경우가 분석 대상이다. 또한 남북한이 공동으로 화해와 협력을 도모하며 통일을 점진적으로 진행하는 과정에서 정치적인 통일을 이루지 않더라도 일정 기간 동안 경제적 통합을 먼저 추진하는 시나리오 역시 고려될 수 있다.

따라서 본 장은 남북한 경제통합이 점진적으로 진행될 경우 무역, 투자, 노동, 화폐·금융 분야의 제도적 기반이 어떠한 방향으로 구축되어야 하는지 연구하고자 한다. 기존의 연구 중 전홍택(2012)의 연구는 노동시장과 고용보험, 연금 및 공공부조, 보건의료 체계, 화폐·금융 분야에 초점을 두고 연구하였으나, 본 연구는 무역 및 투자 부분에 보다 연구의 초점을 둔다. 또한 이러한 제도적 측면을 연구하기 위해 독일의 경제통합, 유럽연합, 양안(중국과 대만) 경제협력기본협정(Cross-Straits Economic Cooperation Framework Agreement), 중국과 홍콩의 경제통합협정(CEPA: Closer Economic Partnership Arrangement) 등의 경험을 정리하여 남북한 경제통합에 반영하였다. 아울러, 남북한 경제통합 과정을 통해 생산된 물품을 글로벌 시장으로 수출하기 위해 현재 남한이 구축하고 있는 FTA 네트워크를 활용하는 방안 역시 본 장에서 논의하였다.

마지막으로 남북한의 경제통합이 동북아 경제통합에 어떠한 영향을 미칠 수 있을지 에너지, 운송·물류 분야의 협력을 중심으로 살펴보고, 동 지역의 생산 네트워크 부문과 FTA 등을 포함하는 제도적 경제통합에 통일한국이 어떠한 역할을 수행할 수 있을지 분석하였다.

1. 국가별 기존 사례 및 시사점

1) 독일의 경제통합 경험

1990년 10월 독일이 통일된 후 경제적인 측면에서의 평가는 전체적으로 긍정적이나(안두순, 2011) 세부적인 측면에서 다소 부정적인 의견이 많은 실정(황준성, 2007·한운석, 2009)인데, 주로 동독 지역의 경제가 아직 자생적으로 발전하지 못하고 있고 서독 및 동독 지역 간 경제적 격차가 여전히 존재하고 있기 때문이다. 독일의 경제통합이 정치적 통일과 함께 급속히 전개되면서 다양한 문제점을 야기하였으나, 본 연구에서는 화폐, 노동 분야에 초점을 두고 독일의 경제통합 경험을 정리한다.

1990년 7월 1일 화폐 통합이 실행된 후, 서독과 동독 화폐의 교환비율이 1 : 4 또는 1 : 5라는 시장의 평가에도 불구하고, 1 : 1.8이라는 교환비율이 정치적 논리에 의해 결정되자 임금의 급상승, 실업, 경영 악화 등 부정적인 영향이 나타났다. 화폐 통합 이후 동독 지역의 임금은 노동생산성에 비해 급격히 상승하였는데, 이는 서독 기업으로 하여금 동독 지역으로의 투자 유인을 감소시켰으며 동독 지역의 기업 역시 경영이 악화되었고 대규모 실업으로 이어졌다. 이는 장기적으로 동독 지역의 경제적 자생력을 악화시켰으며, 서독 경제권으로의 의존성을 심화시키는 계기가 되었다.

독일 통일 이후 동독 지역의 인구는 급격히 감소하였는바, 이는 자연감소 및 서독 지역으로의 대규모 이주 등에 기인하는 것으로 분석된다(한운석, 2009). 통일 이후 동독 지역 가임기 청장년층의 이주 외에도 젊은 부부들의 출산율이 급감하였는데, 이는 통일 과정에서 시장경제의 도입과 함께 경제적·사회적 안정성이 약화되고 위험이 매우 커짐에 따라 출산 유인이 감소하였기 때문인 것으로 해석된다. 또한 통일 이후 동독 지역에서의 대량 실업으로 인해 젊은 세대들은 일자리 및 높은 임금 등 경제적 기회가 보다 많을 것으로 판단된 서독 지역으로 대규모 이주하며, 동독 지역에서는 급격한 인구 감소가 발생하였다.

이러한 통일 독일의 경험으로부터 배울 수 있는 교훈은 급격한 경제통합보다는 점진적인 경제통합을 추진하여야 하며, 노동시장 및 화폐 부문의 통합 역시 보다 종합적이고 점진적인 접근 방법이 필요하다는 점이다. 종국적으로 남북한의 경제통합 시 양 지역의 경제적 격차를 다소 줄인 후 경제적 통일을 추진하는 보다 점진적인 접근 방법이 필요하다.

2) 양안(중국-대만) 경제협력기본협정의 내용 및 시사점

중국과 대만 간 경제협력기본협정(ECFA: Cross-Straits Economic Cooperation Framework Agreement)은 지난 2010년 6월 29일 서명되었으며 동년 9월 12일 발효된 경제통합협정(EIA: Economic Integration Agreement)인바, 보다 높은 수준의 지역 무역협정으로 가기 위한 중간 협정(interim agreement)이다(Hsieh, 2011). 동 협정은 아직 중간 협정 수준이어서 조기 발표(early announcement) 형식으로 세계무역기구(WTO: World Trade Orga- nization)에 통보되었다.[1] 대만은 2000년대 후반 이후 적극적으로 FTA를 체결하고 있는데,[2] 중국과 ECFA를 맺은 배경에는 이러한 대만의 FTA 전략을 중국이 저지하지 않을까 하는 우려를 해소하기 위해 양자 간 경제협력

1_관세 및 무역에 관한 일반협정(GATT) 24조 7(a)항에 따르면, WTO 회원국은 새로운 지역 무역협정에 가입할 경우 WTO회원국들에게 동 사실을 통보하여야 한다. 지역 무역협정으로 가기 위한 중간협정 역시 정식 지역 무역협정과 동일한 수준의 통보의무대상이어서 이 역시 WTO 사무국에 통보되어야 한다. 따라서 양국 간 CEFA는 2014년 2월 현재 WTO에 통보된 정식 지역 무역협정이 아니라 지역 무역협정으로 가기 위한 중간협정이다.

2_2014년 2월 현재 대만이 맺고 있는 FTA 대상국은 니카라과, 파나마, 엘살바도르, 온두라스, 과테말라, 뉴질랜드 등 6개국이며, 도미니카 공화국과의 협상이 진행 중이다(WTO, 2010).

표 6-1 | 중국-대만 간 ECFA 상품 분야 조기 자유화 프로그램

중국				대만			
대상 품목(HS코드 6단위 기준): 539품목				대상 품목(HS코드 6단위 기준): 267품목			
2009년 수입관세	협정 관세율(조기 자유화)			2009년 수입관세	협정 관세율(조기 자유화)		
	1차년도 (2011)	2차년도 (2012)	3차년도 (2013)		1차년도 (2011)	2차년도 (2012)	3차년도 (2013)
0% 〈 X ≤5%	0%			0% 〈 X ≤2.5%	0%		
5% 〈 X ≤10%	5%	0%		2.5% 〈 X ≤7.5%	2.5%	0%	
X 〉 15%	10%	5%	0%	X 〉 7.5%	5%	2.5%	0%

자료: 양안 ECFA Annex I

협정을 추진하게 되었다(Hsieh, 2011). 양국 간 ECFA의 목적은 ① 양국 간 경제, 무역, 투자 협력을 강화하고 진전시키고, ② 양국 간 상품 및 서비스 무역을 보다 자유화시키고, 공정·투명·원활한 투자 및 투자 보호 메커니즘을 수립하여, ③ 양국 간 경제협력 분야를 확대하고 협력 메커니즘을 수립하는 것이다(양안 ECFA 제1조).

양국은 상품 무역 분야에서 2011년부터 점진적으로 관세 철폐를 적용하기로 합의하였는데, 여타 FTA에 비해 그 수준은 낮은 것으로 평가된다. 양국은 관세 철폐를 단행할 품목을 선정하여 조기 자유화 프로그램(early harvest program)을 적용하였다(양안 ECFA 제7조 및 Annex I). 〈표 6-1〉에 나타난 바와 같이 중국과 대만은 조기 자유화 대상 품목을 HS코드 6단위 기준으로 각각 539품목과 267품목을 선정하여 3년 이내 관세를 철폐하기로 하였다. 관세 철폐 대상 품목 수는 중국이 대만보다 많고, 중국의 관세율이 대만보다 높아 중국의 관세 철폐가 보다 급격히 진행되고 있다.[3]

3_중국의 평균 관세율은 양허 기준 10.0%(농산물 15.8%, 비농산물 9.1%), 실행 기준 9.6%(농산물 15.6%, 비농산물 8.7%)인 반면, 대만의 평균 관세율은 양허 기준 6.3%(농산물 17.3%, 비농산물 4.7%), 실행 기준 6.1%(농산물 16.4%, 비농산물 4.5%)이어서 농산물을 제외하곤

양국의 서비스 분야에서는 개별 서비스 부문과 서비스 공급 모드에 따라 부분 양허하는 방식을 합의하였는데, 전체적으로 서비스 시장 양허 수준은 낮은 것으로 평가된다. 양국은 상품 분야와 같이 부문별 조기 자유화를 시행하였고(양안 ECFA 제8조), 향후 추가적인 양허 가능성을 합의하였다(양안 ECFA 제4·3조). 서비스 분야에서 특이한 점은 내국민 대우(NT: National Treatment) 관련 규정은 전혀 논의되지 않고, 시장 접근(MA: Market Access)에만 초점을 두고 합의된 점이다.

중국이 양허한 부문은 일반적인 WTO 서비스 분류의 총 155개 세부 분야 중 12개 부문, 대만의 경우 9개 부문에 불과한 실정이다(양안 ECFA Annex IV). 중국이 양허한 서비스 부문은 회계·감사(CPC862), 소프트웨어 구행(CPC842), 데이터 처리(CPC843, CPC8439 제외), 연구 개발(CPC8510), 컨벤션(CPC87909), 전문 디자인(CPC87907), 시청각(CPC83202), 병원(CPC 9311), 항공기 수리·정비(CPC8868), 보험, 은행업, 증권·선물 등 12개 부문이다. 이에 반해 대만은 연구 개발(CPC851, 852, 853), 컨벤션(CPC87909*, 기획·조직·운영·마케팅에 한정), 전시(CPC87909, 기업 간 전시에 한정), 전문 디자인(CPC87907), 영화(중국어 영화에 한정), 유통 위탁 판매인(CPC621), 운동 및 여가(CPC96411, 96412, 96419), 항공 예약, 은행업 등 9개 부문이다.

서비스 공급 형태별로는 자연인의 이동(mode 4)의 경우 양국 모두 전혀 양허하지 않은 반면, 국경 간 거래(mode 1) 및 해외 소비(mode 2)는 개방하되 상업적 주재(mode 3)의 경우 부문별로 구체적인 유보 사항을 나열하였다. 중국은 병원 서비스의 국경 간 거래 및 해외 소비, 항공기 수리·정

중국의 관세율이 대만보다 높은 실정이다.

비의 국경 간 거래는 자유화 대상에서 제외하였고, 나머지 부문은 상업적 주재를 중심으로 규제하고 있다. 이에 반해 대만은 상기 9개 부문의 국경 간 거래와 해외 소비에 아무런 제약을 두지 않았고, 부문별로 상업적 주재를 중심으로 규제하고 있다.

3) 중국-홍콩 CEPA의 내용 및 시사점

2003년 6월 29일 발효된 중국과 홍콩 간 '경제긴밀화협정'(CEPA: Closer Economic Partnership Arrangement)은[4] 앞서 살펴본 중국-대만 간 ECFA보다는 높은 수준의 지역 무역협정인 것으로 평가된다. 홍콩은 동 CEPA 발효 시점부터 중국 수출품에 대해 무관세(zero tariff)를 적용한 반면, 중국은 홍콩의 수출품 중 총 273개 품목(HS코드 8단위 기준)에 대해 2004년부터 관세를 철폐하였으며(동 CEPA 부속서 1의 〈표 1〉), 2006년부터는 전 품목에 대해 관세를 철폐하여 대만과의 ECFA보다 적극적인 개방 정책을 단행하였다(동 CEPA 부속서 2).

서비스 시장 개방의 경우 중국과 홍콩에서 매년 부속서를 추가하며, 시장 개방에 해당하는 서비스 부문을 점차 확대해 나가고 있다. 2014년 2월 현재 동 CEPA는 10개의 부속서가 추가되었는데, 주로 양국 간 서비스 양허 부문에 대한 내용이다. 이러한 경제통합 노력은 양평섭 외(2012)에서 논

4_행정적으로 홍콩은 중국의 특별자치행정구역이나, WTO 규정상 WTO 회원국이 될 수 있는 자격은 국가 또는 통상 정책에 있어 자주권을 행사할 수 있는 지역을 포함하기 때문에 홍콩은 WTO 회원국이며 WTO 회원국으로서 중국과 지역 무역협정을 체결하였다.

의된 바와 같이 중국과 홍콩의 '양제'(two system)가 아닌 '일국'(one country)으로의 통합과 중앙정부의 홍콩에 대한 지배력이 강화되는 방향으로 진행되고 있는 것으로 평가된다.

2. 남북한 포괄적 경제통합협정을 통한 점진적 경제통합

1) 포괄적 경제통합협정의 개념 및 필요성

남북한 경제통합의 궁극적인 목표는 최기춘(2004)의 연구에서 나타난 바와 같이 '완전 경제통합'인바, 남북한 단일 경제체제를 실현하는 것이다. 그러나 '완전 경제통합'을 궁극적으로 실현하기 위해서는 앞서 지적한 바와 같이 급격한 통합으로 야기될 수 있는 경제·사회·문화적 충격을 줄이기 위해 중·단기적으로 '포괄적 경제통합협정'(CEIA: Comprehensive Economic Integration Agreement)을 지향하는 것이 바람직하다.

본 연구에서 제시하는 남북한 포괄적 경제통합협정은 경제통합의 이론적인 측면에서 자유무역협정(FTA), 관세동맹(CU)보다는 수준 높은 경제통합이나 공동시장(CM)보다는 단기적인 측면에서 수준이 낮은 것으로 정의될 수 있다.

〈표 6-2〉에 나타난 바와 같이 남북한 CEIA에서는 관세 철폐를 포함하는데, 남북한 간 거래의 경우 이미 관세가 부과되지 않기 때문에 남북한 FTA는 추가적인 실익이 크지 않다. 2005년 12월 제정된 「남북관계 발전

표 6-2 | 경제통합의 유형과 남북한 포괄적 경제통합협정

	관세 철폐	공동 역외관세	생산요소의 자유로운 이동	공동 경제정책
자유무역협정 (Free Trade Agreement)	○			
관세동맹 (Customs Union)	○	○		
남북한 포괄적 경제통합협정(CEIA)	○	○	△	
공동시장 (Common Market)	○	○	○	
경제연합 (Economic Union)	○	○	○	○

자료: Balassa(1961)의 이론에 근거하여 남북한 포괄적 경제통합협정 추가

에 관한 법률」 제3조 ②항과 「남북교류협력에 관한 법률」 제12조에 따르면, "남한과 북한간의 거래는 국가 간의 거래가 아닌 민족 내부의 거래로 본다."고 규정되어 있다. 또한 「남북교류협력에 관한 법률」 제26조 ②항에는 "원산지가 북한인 물품 등을 반입할 때에는 「관세법」에 따른 과세 규정과 다른 법률에 따른 수입 부과금에 관한 규정은 준용하지 아니한다."라고 규정되어 있고, 이에 따라 관세청의 「남북교역물품 통관관리에 관한 고시」 제6조는 "원산지가 북한인 반입 물품은 「남북교류협력에 관한 법률」 제26조 ②항 단서에 따라 관세를 부과하지 아니한다."라고 규정되어 있다. 따라서 정치적인 이유에 의해 경제 제재가 부과되지 않는 상황이라면, 원칙적으로 남북한 간 무역은 국가 간 거래가 아닌 '민족 내부의 거래'로 인식되며 관세가 부과되지 않아, 단순히 관세를 철폐하는 남북한 자유무역협정의 경우 추가적인 실익이 없다고 볼 수 있다.

또한 〈표 6-2〉에 나타난 바와 같이 관세 철폐에 이어 공동 역외관세(CET: Common External Tariff)를 포함하는 관세동맹 역시 추가적인 실익이 크지 않다고 판단된다. 남북한으로 수입되는 물품에 대해 남북한이 동일한

수준의 관세를 부과하는 관세동맹의 경우 남북한의 경제통합 수준을 상향 시킨다는 측면에서 추가적으로 얻을 수 있는 실익은 크지 않을 것으로 평가된다. 북한의 산업 구조 및 민감 부문을 고려할 때 남한이 부과하는 관세보다 높은 수준으로 관세를 부과하여 북한 산업을 일시적으로 보호하려는 정책 역시 고려될 수 있으나, 남북한 교역에 관세가 없는 상황에서 남한으로 수입되어 북한으로 해당 물품이 자유롭게 거래될 수 있기 때문에 이러한 보호 정책은 실익이 없을 것으로 평가된다.

생산요소(자본, 서비스, 노동 등)의 자유로운 이동을 보장하는 공동시장의 경우 북한에서 남한으로 대규모의 노동인구가 이동하여 남북한 정치·경제·사회·문화적 측면에서 혼란을 초래할 가능성이 크기 때문에 보다 점진적인 접근 방법이 필요하다. 앞서 살펴본 독일의 통일 경험에서도 나타났듯이 독일 통일 이후 동독 지역 인구 급감의 원인은 불안한 미래로 인한 출산율 감소와 서독 지역으로의 대규모 이주에 기인하였으나, 궁극적으로 두 지역 간 경제적 격차가 크기 때문에 나타난 현상이다. 결국 통합 대상 지역 간 경제적 격차가 큰 상황에서 아무런 제약이 없다면 경제적 기회가 좀 더 보장된 지역으로의 이주가 불가피한 상황이므로 정치·경제·사회·문화적 측면에서 혼란을 줄이기 위해서는 점진적인 접근 방법이 필요하다. 따라서 남북한 공동시장보다는 경제통합의 수준이 다소 낮은 경제통합협정이 '완전 통일'(〈표 6-2〉의 경제적 통합에 해당) 이전 임시적으로 추진되어야 하며, 본 연구에서는 이를 '남북한 포괄적 경제통합협정'(CEIA)이라 지칭한다.

이러한 점진적 경제통합 과정은 최소 10년 정도(2015~2024년)의 기한을 두고 운영될 필요가 있으며, 동 과정을 통해 남북한 경제통합을 보다 강화하고 북한 경제의 체제 전환을 보장할 수 있는 시간적 여유를 확보할 수

표 6-3 | 남북한 포괄적 경제통합협정의 단계별 추진 내용

포괄적 경제통합협정의 단계	경제통합 내용 및 정책 과제	
초기 통합 단계 (2015~2017년, 3개년)	상품 무역	· 남북한 교역에 대해 관세 철폐 · 반덤핑관세 및 상계관세의 부과 금지 · 세이프가드 조치의 일시적 허용 · 원산지 규정 등 제도적 기반 마련
	서비스 무역	· 남북한 서비스무역위원회 설립
	투자	· 전면 자유화 시행(내국민 대우, 과실 송금 허용, 분쟁 해결 시스템 구축 등 제도적 기반 마련) · 남북한 투자촉진위원회 설립
	노동	· 북한의 경제특구 중심의 노동시장 개방 · 노동권: 강제 노동 및 아동 노동의 금지
	화폐·금융	· 북한의 화폐 개혁 · 남북한 간 통화 거래: 고정환율제도 · 조선중앙은행의 업무 이원화(중앙은행, 상업은행)
통합 가속 단계 (2018~2021년, 4개년)	상품 무역	· 관세, 원산지 규정: 전과 동일 · 반덤핑관세/상계관세/세이프가드 부과 금지
	서비스 무역	· 서비스 무역 자유화 시행(부문별 유보 가능)
	투자	· 전과 동일
	노동	· 전과 동일 · 남한 내 특구 추가 · 노동권: 결사의 자유, 단체교섭권 보장
	화폐·금융	· 남북한 간 통화거래: 고정환율제도 · 북한 내 상업은행 경쟁 유도 · 남한 자본의 북한 금융시장 진출 허용(합작 형태)
완전 통합 준비 단계 (2022~2024년, 3개년)	상품 무역	· 전과 동일
	서비스 무역	· 전과 동일
	투자	· 전과 동일
	노동	· 자유로운 노동 이동을 위한 제도적 장치 마련 · 노동권: 남한과 동등한 수준
	화폐·금융	· 통합중앙은행 추진기구 설립 · 남북한 금융시장 완전 통합 준비(경쟁을 통한 상업은행 정리, 인수·합병 유도) · 금융 감독 기능의 남한 체제로 통합 · 남북 고정환율제도 유지 아래 화폐 통합 준비

있을 것이다. 〈표 6-3〉에 정리된 바와 같이 '포괄적 경제통합협정'을 체결하여 '완전 경제통합'을 준비하는 과정을 총 3단계로 구분하여 초기 통합 단계(3년), 통합 가속 단계(4년), 완전 통합 준비 단계(3년)로 추진할 필요가

있다. 초기 통합 단계는 상품 무역, 투자 부문의 자유화 및 통합에 초점을 두고, 통합 가속 단계에서는 서비스 무역의 자유화, 경제특구 중심의 노동 이동 허용 등 경제통합 부문을 더욱 확대하며, 완전 통합 준비 단계에서는 '완전한 경제통합'을 위한 제도적 장치를 마련하는 것으로 분석하였다

2) 기본 구성

(1) 무역 분야

앞서 지적한 바와 같이 남북한 관세 장벽의 경우 현재의 「남북교류협력에 관한 법률」과 「남북교역물품 통관관리에 관한 고시」에 따라 남북한 상품 교역에는 관세가 부과되지 않기 때문에, 경제통합 초기 단계부터 전면적인 관세 철폐가 가능하다. 따라서 남북한 CEIA는 상품 무역 분야에서 비관세 장벽 철폐, 무역 구제 조치 부과 금지, 원산지 규정 등에 초점을 두어야 할 것이다. 남북한 교역에 관세가 부과되지 않는 취지를 반영하여, 관세 할당(TRQ: Tariff Rate Quota) 등을 포함하는 비관세 장벽 역시 철폐되어야 할 것이다.

남북한 경제통합을 위해서는 남북한 교역에 대한 반덤핑관세 및 상계관세의 부과를 금지하여야 할 것이다. 남한이 체결한 FTA 중 반덤핑관세 및 상계관세의 부과를 금지한 FTA는 전무한 실정이며, 중국-홍콩의 CEPA(제7조 및 제8조)에서는 이를 금지하고 있지만 중국-대만 CEFA에서는 금지 규정이 없어 양국이 동 조치를 취할 수 있다. 다만, 통합 초기 단계에서는 남북한 교역의 확산으로 국내 생산자의 상업적 이익이 침해되는 경

우 해당 품목에 대해 일시적으로 교역을 제한하는 세이프가드 조치를 허용할 필요가 있다. 중국-홍콩의 CEPA(제9조) 역시 이러한 세이프가드 조치를 허용하고 있으며, 특히 북한으로부터 농산물이 급격히 유입되어 남한 농민에게 피해가 발생하는 것을 막기 위해서라도 동 조치는 일시적 안전장치(safety valve)로서 필요하다. 다만, 세이프가드 조치는 남북한 경제통합 초기 단계에서만 허용되어야 하며, 추후 경제통합이 가속화될 경우 금지하는 것이 적절할 것으로 평가된다.

남북한 국내산으로 인정받기 위한 원산지 규정은 ① 남북한 경제통합의 심화, ② 우회 수입의 금지 등의 원칙 아래 마련되어야 할 것이다. 남북한 국내산으로 인정받기 위해서는 ① 남한 또는 북한 등 1개 지역에서 전적으로 생산된 물품, ② 남북한 내 부품을 이용하여 남북한 내에서 생산된 물품, ③ 여타 국가의 부품을 사용하여 남북한 내에서 생산된 물품(상품의 특성에 따라 개별 규정 마련) 등에 한정되어야 할 것이다.

서비스 무역의 경우 총 155개 세부 부문에 대한 남북한 국내 규제를 비교 분석하고 서비스 공급 모드별 영향 역시 파악하여야 하므로, 경제통합 초기 단계에서는 '(가칭)남북한 서비스무역위원회'를 설립하여 상호 협의 아래 점진적으로 서비스 시장을 개방하는 것이 바람직하다. 서비스 부문의 경우 해당 부문의 남북한 현황(제도, 기술 격차 등), 현재의 규제, 해당 이익 단체와의 협의 등 보다 구체적이고 실질적인 분석이 필요하나, 본 연구에서는 남북한 경제통합 과정에서의 서비스 무역 자유화의 기본적인 방향을 제공하고자 한다.

예를 들어 의료 서비스의 경우 다양한 요소를 분석하여야 하는바, 북한의 의료진에게 남한에서의 의료 행위를 허용할 것인지, 향후 의사 면허를 어떠한 과정으로 취득할 수 있도록 할 것인지, 남한의 병원이 북한 지역에

병원을 설립할 경우 남한의 의료진이 북한에서의 의료 행위를 할 수 있도록 할 것인지, 또는 북한 의료진을 고용하여 의료 서비스를 제공할 것인지 등이 연구되어야 할 것이다. 이와 같은 연구가 155개 서비스 부문에서 진행되어야 하기 때문에 구체적인 부문별 양허 방안 연구는 상당히 방대한 수준의 분석이 필요하다. 중국-홍콩 CEPA에서도 점진적인 접근 방법을 택하여 서비스 시장 개방 범위를 점차 확대하고 있는바, 2003년 체결 당시의 수준을 10차례(2014년 2월 현재) 추가 보완하는 작업을 지속하고 있다.

다만, 일반적인 시장 개방 추진 방향으로 서비스 공급 유형별로 상이한 접근 방법을 취하는 것이 바람직할 것이다. 국경 간 거래(mode 1) 및 해외소비(mode 2)의 경우 상대적으로 개방하는 방향으로 추진하되 해외 소비의 경우 인적 교류 상황과 연계하여 그 방향을 설정하여야 할 것이다. 상업적 주재(mode 3)의 경우 해당 부문의 특성 및 남북한 상황을 분석하여 부문별 유보 사항을 점차 줄여 나가는 방향으로 추진되어야 할 것이다. 자연인의 이동(mode 4)의 경우 노동시장의 개방 문제와 연계하여 추진되어야 할 것이다. 의사, 변호사 등 전문직의 경우 해당 자격증을 상호 인정해 주거나 공동 운영하는 제도적 기반이 우선 마련되어야 할 것이다.

(2) 투자 분야

남북한 경제통합의 혜택을 극대화하기 위해서는 남북한 투자를 보다 활성화할 필요가 있고, 이와 관련된 제도적 기반을 마련하는 것이 매우 중요하다. 따라서 투자 분야의 경제통합은 경제통합 초기 단계부터 적극적으로 추진되어야 할 것으로 평가된다.

남북한 경제통합의 투자 분야에서 가장 기본이 되는 것은 내국민 대우

(NT: National Treatment)이다. 앞서 지적한 바와 같이 "남한과 북한 간의 거래는 국가 간의 거래가 아닌 민족 내부의 거래로 본다."는 「남북교류협력에 관한 법률」과 제12조의 취지를 반영하여 투자자의 지위 및 투자 행위 역시 동등하게 대우하여야 할 것이다.

또한 투자자의 투자 행위에 대한 모든 송금(transfers, 과실 송금)이 자유롭고 지체 없이 이루어지도록 허용하여야 한다.[5] 이러한 송금은 최초 출자금을 포함한 출자금; 이윤, 배당, 자본 이득; 이자, 로열티 지불, 관리 수수료 등의 수수료 등을 포함한다.

투자 관련 분쟁이 발생하는 경우 이를 해결할 수 있는 분쟁 해결 시스템을 구축하여 투자 관련 규정에 위배되는 공공기관의 정책 행위로부터 투자자의 상업적 이익을 보호할 수 있는 제도적 장치가 마련되어야 한다. 남북한 투자 관련 분쟁 해결 절차는 한미 FTA 등 남한이 체결한 FTA와는 달리 남북한이 직접 해당 분쟁을 해결할 수 있는 시스템(남북한 투자 분쟁 해결기구)을 구축할 필요가 있다. 한미 FTA의 경우 국내 법원 제소 또는 국제중재를 요청할 수 있도록 규정하고 있는바, 국제 중재의 경우 ① 세계은행(World Bank) 산하 '국제투자분쟁해결센터'(ICSID: International Center for the Settlement of Investment Disputes), ② 유엔국제상거래법위원회(UNCITRAL: United Nations Commission on International Trade Law), ③ 기타 양자가 합의하는 중재 절차 중 선택할 수 있다(한미 FTA 제11·16조 3항). 그러나

5_송금과 관련된 부분은 한국이 맺고 있는 미국 및 EU와의 FTA 관련 규정을 최소한의 규정으로 준용하여 추진할 필요가 있다. 즉, 미국과 EU에게 양허한 수준을 남북한 간 투자(민족 내부 거래)에 대한 최소 규정으로 삼고 추가적으로 남북한 특수 상황을 고려하여 관련 자유화 규정을 확대하는 접근 방법이다.

남북한 교역은 민족내부의 거래이므로 국제중재절차를 거치는 것보다는 남북한이 공동으로 '분쟁해결기구'(Dispute Settlement Body)를 설치하여 운영할 필요가 있다.

또한 남북한 상호 투자를 활성화하기 위해 '남북한 투자촉진위원회'를 설치하여 운영할 필요가 있다. 동 위원회에서는 투자 관련 각종 규제를 심의하고, 투자 관련 규정에 대한 투명성을 제고하는 방안을 마련하여야 할 것이다. 또한 남북한 투자를 활성화시킬 수 있는 다양한 지원제도를 제공하여야 할 것이다.

(3) 노동 분야

남북한 경제통합이 추진되는 과정에서 가장 조심스러운 접근 방법을 택해야 하는 분야가 노동 분야이다. 노동 분야에 있어 완전한 형태의 경제통합을 달성하기 위한 궁극적 목표는 자유로운 노동 이동이어야 하나, 다양한 정치·경제·사회적 문제를 야기한 독일의 경험에서 보듯이 무역 및 투자 분야에 비해 보다 점진적인 방향으로 추진하는 것이 바람직하다.

남북한 경제통합 초기 단계에서는 '북한의 경제특구 중심의 노동시장 개방'이 진행되어야 할 것이다. 소절 (4)에서 보다 구체적으로 논의될 예정인 '북한의 경제특구'(Special Economic Zones)는 남한의 자본, 기술이 북한의 자원, 노동과 결합될 수 있는 형태로, 현재 운영 중인 개성공단이 그 단적인 예이다. 따라서 북한의 경제특구는 북한 지역 내 설치될 수 있으며, 남한 기업의 투자를 유치하여 운영될 수 있다. 이 경우 조동호(2012)에서 나타난 바와 같이 현재 북한은 주민의 거주 이전을 엄격히 제한하고 있으므로, 북한의 경제특구를 보다 활성화시키기 위해서는 북한 주민의 '북한 내 거주 이전의 자유'를 법제화하여야 한다.

경제통합 가속 단계에서는 '남한의 경제특구' 설립을 추가하여 북한의 노동력을 활용하는 방안이 포함된다. 동 단계에서는 휴전선과 가까운 남한 지역 내(예를 들면 파주, 동두천, 철원 등) 경제특구를 설치하여, 북한 노동자가 출퇴근하는 형식으로 남한 기업이 북한 노동력을 활용하는 방안이다. 이 경우 현재의 「남북교류협력에 관한 법률」 및 「개성공업지구 지원에 관한 법률」을 북한 노동자에게 준용하여 방문 승인 제도를 운영할 필요가 있다(「남북교류협력에 관한 법률」 제9조 2항).

완전 경제통합 준비 단계에서는 남북한 노동자의 자유로운 이동을 위해 각종 관련 제도 및 규정을 준비하여야 할 것이다. 먼저 북한에서는 북한 주민의 거주 이전 자유를 북한 지역에서 남한 지역까지 포함하도록 확대하는 법률 개정이 필요할 것이고, 남한 역시 이에 동등한 수준으로 해당 법률 및 규정을 개정하여야 할 것이다.

북한 노동자에 대한 노동권 보장 역시 점진적인 방법으로 확대되어야 할 것이다. 북한은 아직 국제노동기구(ILO: International Labor Organization)의 회원국이 아니어서 노동권 보장이 매우 미약한 상황이다. 따라서 북한 노동자에 대한 노동권 보장 역시 점진적으로 추진할 필요가 있는바, 경제통합 초기 단계에는 강제 노동 및 아동 노동의 금지 등을 규정하고 이후 경제통합 가속 단계에서 결사의 자유 및 단체교섭권의 인정 등 노동권을 확대할 필요가 있다.

(4) 화폐·금융 분야

북한 금융 시스템의 미비, 지하경제의 확산 등에 따라 화폐·금융 분야의 통합 역시 보다 점진적인 방법으로 진행되어야 한다. 이영섭·전홍택(2012)의 연구에서 나타난 바와 같이 중앙계획경제체제의 북한 금융은 '실물계획의 이행을 위한 국가에 의한 자금 조달과 배분'을 의미하므로 자본주의체제 아래에서의 금융과 차원을 달리한다. 또한 지하경제의 비중이 큰 북한에서는 이미 북한 화폐가 고유의 기능(가치 척도, 유통 수단, 축재 수단, 지불 수단 등)을 상실하였기 때문에 현재의 북한 화폐를 전제로 남한과의 통화 단일화를 추진하기는 어려운 실정이다. 화폐 통합의 경우 화폐 개혁을 통해 북한의 화폐 기능을 복원시킨 후 남한의 원화와 환율에 따라 거래되도록 하여야 하며, 추후 통합 과정을 거쳐야 할 것이다. 이러한 점진적 접근 방법은 독일의 경험을 반영한 것으로, 독일은 통일 후 분리 기간 없이 화폐를 통합하였는데 이로 인해 동독 지역 임금이 생산성에 비해 급격히 인상되어 추후 동독 지역 산업이 경쟁력을 상실하게 된 계기가 되었다.

이에 따라 경제통합 초기 단계에서 북한은 화폐 개혁을 단행하여야 하고, 금융 부문에서는 중앙은행을 설립하여야 한다(이영섭·전홍택, 2012). 화폐 개혁을 통해 북한 지역 내 만연한 지하경제를 양성화하고 화폐 기능을 복원하여 자본주의체제 아래 시장이 제대로 기능할 수 있도록 하여야 할 것이다. 남북한 통화 거래를 위해서는 환율 정책을 어떻게 운영하는지 중요한바, 단기적인 불안정을 해소하기 위해 남북한 통화 간에 고정환율제도를 도입하는 것이 바람직하다. 현재 북한의 조선중앙은행을 개편하여 본연의 업무를 중앙은행 및 상업은행 업무로 이원화하고, 중앙은행의 업무는 남한의 한국은행으로부터 기술적 지원을 받아야 할 것이다.

경제통합 가속 단계에서는 북한 상업은행의 북한 내 경쟁 유도, 남한 자본의 북한 금융시장 진출 허용(합작 형태) 등이 추진되어야 할 것이다. 남한 자본이 북한 금융시장으로 진출하는 것을 합작 형태로 허용하고, 북한 내 상업은행의 경쟁을 유도하여 금융기관의 효율성을 높이는 계기로 삼아야 한다.

완전통합 준비 단계에서는 통합 중앙은행 추진 기구 설립, 남북한 금융시장 완전 통합 준비(경쟁을 통한 상업은행 정리, 인수·합병 유도), 금융 감독 기능의 남한 체제로 통합, 남북 고정환율제도 유지 아래 화폐 통합 준비 등이 필요하다(이영섭·전홍택, 2012). 양 지역의 중앙은행을 통합하기 위한 제도적 장치가 마련되어야 할 것이며, 남북한 금융시장의 완전 통합을 위해 경쟁을 통한 상업은행 정리, 인수·합병 유도 등의 정책이 필요하다. 또한 금융 감독 기능을 남한 체제로 통합하고, 고정환율제도를 유지하면서 화폐 통합을 준비하여야 할 것이다.

3) 운영방안

(1) 제도적 측면

앞서 지적한 바와 같이 남북한 CEIA는 남북한 '완전 경제통합'으로 가기 위한 임시적인 경제통합협정인바, 동 협정 고유의 목적을 효율적이고 원활히 달성하기 위해서는 '(가칭)남북한 경제통합위원회'를 설치하여 경제통합과 관련된 제반 사항을 논의하여 결정하는 제도적 기반을 마련하여야 한다. 남북한 경제통합은 본 보고서에서 논의된 무역, 투자, 노동, 화폐·금융 외에도 경제 전 분야에 걸쳐 진행되어야 하기 때문에 〈표 6-4〉에 나타난 바와 같이 남한의 정부 조직 중 경제 관련 부처 모두 참여하는 형태로 진행되어야 한다. 본 보고서에서 논의된 분야 외에도 북한 지역의 보건의

표 6-4 | '남북한 경제통합위원회' 산하 소위원회별 담당 업무(안)

소위원회	담당 부처(남한)	담당 업무
기획위원회	기획재정부(주무) 및 여타 경제 관련 부처	총괄
금융위원회	기획재정부, 한국은행	화폐, 금융, 중앙은행 설립
무역위원회	산업통상자원부, 기획재정부	상품 및 서비스 무역
노동위원회	고용노동부	노동시장, 노사관계 등
인프라위원회	국토교통부	북한 지역 인프라 건설
투자위원회	기획재정부, 산업통상자원부	특구 설립 및 운영
보건복지위원회	보건복지부	사회복지 및 의료

료 체계 및 사회복지 관련 제도를 마련하고 통합을 대비하는 소위원회가 필요하며, 북한 지역 또는 휴전선과 지리적으로 가까운 남한 지역에 건설될 경제특구를 운영할 투자위원회 역시 설치되어야 한다.

(2) 통합 기금

남북한 경제통합이 진행되는 과정에서 앞장에서 살펴본 바와 같이 남북한 경제적 격차를 줄이기 위해 구조 기금(structural funds) 및 화합 기금(cohesion fund)을 운영할 필요가 있다. 이러한 기금은 유럽연합(EU)의 경험으로부터 활용될 수 있는데, 역내 지역 간 소득, 자산, 경제 기회 등의 불균형을 해소하기 위해 도입되어 지역별로 지원되어야 한다. 통일 이전부터 남북한의 경제 격차는 거의 20배에 이르기 때문에, 남북한 경제통합 과정에서 이러한 격차를 줄이려는 노력이 이러한 기금의 운영을 통해 이루어져야 할 것이다. 또한 동 기금은 경제 발전 정도의 차이에 따른 경제적 비대칭성 해결뿐만 아니라 북한 경제의 조속한 발전과 남북한의 보다 실질적인 경제통합을 위해 필요한 인프라 건설에도 활용되어야 할 것이다.

이러한 기금을 충당하기 위한 자금은 기본적으로 남북한 공동으로 조

달되어야 하지만, 실질적으로 남한이 자금 조달에 있어 주도적인 역할을 할 수밖에 없을 것으로 평가된다. 기본적으로 남북한 정부가 공동으로 동 기금의 자금 조달을 위해 노력하여야 하나, 자금 조달 여력이 부실한 북한을 고려할 때 현실적으로 남한 정부가 자금 조달에서 주도적인 역할을 하여야 할 것이다. 또한 그 외에도 세계은행, 아시아개발은행 등 국제기구로부터의 지원을 받을 수 있도록 남북한이 노력하여야 할 것이며, 미국·일본·중국 등 주변 국가로부터의 지원 역시 적극 요청할 필요가 있다.

3. 북한 경제특구와 남한의 FTA 네트워크 연계

1) 개성공단 현황과 북한의 경제특구 개발

〈표 6-5〉에 나타난 바와 같이 2014년 1월 현재 개성공단에 입주한 기업은 주로 섬유, 기계금속, 전기전자 등의 산업이며, 5만여 명의 북한 근로자와 800여 명의 남한 근로자가 4억 달러 이상을 생산하고 있다. 개성공단에서 생산된 제품의 90% 정도는 남한에서 소비되며 나머지 10% 정도가 아시아 지역을 중심으로 수출되는 것으로 알려져 있다.[6] 북한은 개성공단 외에도 나선, 황금평·위화도, 금강산 관광특구 등 총 4개의 특수경제지대

6_통일부(http://www.unikorea.go.kr/)에 따르면, 2013년 연말 기준 누적 생산량이 21억 9,977만 달러이며, 수출액은 2억 3,474만 달러(2012년 연말 기준)이다.

표 6-5 | 개성공단 주요 현황(2014년 1월 현재)

산업별 입주 기업 가동 현황

섬유	기계금속	전기전자	화학	종이·목재	식품	비금속광물	합계
72	23	13	9	3	2	1	123

생산현황(단위: 백만 달러)

연도	2005~2009	2010	2011	2012	2013	2014(1월)	누계
생산	781.3	323.3	401.8	469.5	223.8	32.4	2,232.1

근로자 현황(단위: 명)

구분	2005	2006	2007	2008	2009	2010	2011	2012	2013	2014.1
북측	6,013	11,160	22,538	38,931	42,561	46,284	49,866	53,448	52,329	52,407
남측	507	791	785	1,055	935	804	776	786	757	762

자료: 개성공업지구지원재단(http://www.kidmac.com/)

(중앙급)를 운영 중이다.

남북한 교류 확대를 통한 경제통합이 보다 가속화되기 위해서는 북한 지역 내 개성공단과 같은 경제특구(FTA 규정상 역외 가공 지역)를 적극적으로 설치하여야 한다. 앞서 2-2)-(3)절(노동 분야)에서 지적한 바와 같이 단기적으로는 북한 지역 내 경제특구를 신설하여 남한의 자본 및 기술이 북한의 자원 및 노동과 결합되어 남북한 경제통합의 실질적인 밑거름이 될 수 있도록 제도적 장치를 마련하여야 한다. 2013년 11월 21일 북한은 외자 유치와 경제개발을 목적으로 13개 경제개발구(지방급)를 추진하고 신의주 지역을 특구로 지정하였다. 경제개발구로 지정된 곳은 평안북도 1지역(압록강경제개발구), 황해북도 2지역(신평관광개발구, 송림수출가공구), 자강도 2지역(만포경제개발구, 위원공업개발구), 강원도 1지역(현동공업개발구), 함경남도 2지역(홍남공업개발구, 북청농업개발구), 함경북도 3지역(청진개발구, 어

랑농업개발구, 온성섬관광개발구), 양강도 1지역(혜산경제개발구), 남포직할시 1지역(와우도수출가공구) 등이다. 또한 현행 4개 특구 외에도 신의주를 다시 특구에 포함하여 '중앙급' 경제특구가 5개로 늘어났다.

2) 남한의 FTA 네트워크 및 역외 가공 지역 관련 규정

북한이 세계무역기구(WTO)의 회원국이 아닌 이상,[7] 북한 경제특구에서 생산된 제품이 다른 국가로 수출되기 위해서는 남한의 FTA 네트워크를 적극적으로 활용할 필요가 있다. 〈표 6-6〉에 나타난 바와 같이 남한은 2014년 2월 현재 47개국과 9건의 FTA를 체결하여 발효하였고, 2건(콜롬비아, 호주)의 FTA 협상이 타결되었으며, 7건의 FTA가 추가로 협상 중이다.

발효 중인 9건의 FTA 중 개성공단과 같은 역외 가공 지역(OPZ: Outward Processing Zones)에 대한 규정이 존재하는 FTA가 한-칠레 FTA를 제외한 8건이며, 협상이 타결된 한-콜롬비아 FTA 역시 동 규정을 포함하였다. 남한의 첫 FTA인 한-칠레 FTA의 경우 개성공단 생산품에 대한 원산지 규정을 포함하는 협상 전략이 전무한 상황이었다. 한-싱가포르 FTA의 경우 'ISI(Integrated Sourcing Initiative) 방식'을 사용하는데, 이는 양국 간 실제 원산지 여하를 불문하고 상대국에서 수출되는 일정 제품에 대

7_WTO의 다자무역 체제에서 가장 기본이 되는 원칙은 비차별성(non-discrimination)인바, 동 원칙은 최혜국 대우(MFN: Most-Favored Nation)와 내국민 대우(NT: National Treatment)를 포함함. 북한산 제품이 수출될 경우 북한이 WTO 회원국이 아니기 때문에 WTO 회원국들은 북한산 제품에 대해 MFN 관세를 부과할 수 없어 상대적으로 높은 관세를 지불하여야 한다.

표 6-6 | 남한의 FTA 네트워크 현황(2014년 2월 현재)

상태	대상국	발효 시점	OPZ 규정 여부
발효	칠레	2004. 4. 1	×
	싱가포르	2006. 3. 2	개성공단(ISI 방식) (4.3조, 부속서 4B)
	EFTA*	2006. 9. 1	부속서 I의 부록 4
	ASEAN**	상품: 2007. 6. 1 서비스: 2009. 5. 1 투자: 2009. 9. 1	부속서 3의 제6항
	인도	2010. 1. 1	제3장 교환각서
	EU***	2011. 7. 1 (잠정 발효)	부속서 4
	페루	2011. 8. 1	제3장
	미국	2012. 3. 15	부속서 22-B
	터키	2013. 5. 1	부속서 4
타결	콜롬비아	2013. 2. 21 (서명)	제3장
	호주	2013. 12. 4 (실질적 타결 선언)	원산지 관련 규정
협상 중	인도네시아	2012. 7. 12 (협상 개시)	-
	중국	2012. 5. 2 (협상 개시)	-
	베트남	2012. 9. 3 (협상 개시)	-
	중국, 일본(한중일)	2012. 11. 20 (개시 선언)	-
	RCEP****	2012. 11. 20 (개시 선언)	-
	캐나다	2005. 7. 28 (협상 개시)	-
	뉴질랜드	2009. 6. 8 (협상 개시)	-

주 *: European Free Trade Arrangement, 노르웨이, 리히텐스타인, 스위스, 아이슬란드 등 4개국

**: 브루나이, 싱가포르, 말레이시아, 인도네시아, 필리핀, 태국, 라오스, 미얀마, 베트남, 캄보디아 등 10개국

***: 벨기에, 프랑스, 독일(서독), 이탈리아, 룩셈부르크, 네덜란드 (이상 1957년), 덴마크, 아일랜드, 영국 (이상 1973년), 그리스 (1981년), 포르투갈, 스페인 (이상 1986년), 오스트리아, 핀란드, 스웨덴 (이상 1995), 폴란드, 헝가리, 체코, 슬로바키아, 슬로베니아, 리투아니아, 에스토니아, 키프로스, 몰타 (이상 2004년), 불가리아, 루마니아 (이상 2007년), 크로아티아 (2013년) 등 총 28개국

****: Regional Comprehensive Economic Partnership, ASEAN 10개국, 한국, 중국, 일본, 인도, 호주, 뉴질랜드 등 16개국

자료: 산업부(http://www.fta.go.kr/), 개별 협정문을 분석하여 저자 작성

해 역내 산으로 인정하는 방식이다. 이에 남한은 개성공단에서 생산 가능한 품목 4,625개(HS 6단위 기준)를 선정하여 남한에서 선적되어 싱가포르로 수출될 경우 동일한 특혜관세를 부여 받을 수 있다.

'역외 가공'(outward processing)이란 FTA의 경우 원산지 판정 절차에서 '영역의 원칙'(territoriality)이 중요하나, 역외 가공의 경우 FTA 당사국

영역이 아닌 역외 지역에서 생산되는 것으로 지칭하는데, 한 당사국(예, 남한)에서 원자재(부품)의 전부 또는 일부를 제3국(예, 개성)으로 수출하여 추가 공증을 거친 후 가공물품을 당사국(예, 남한)으로 재수입하는 생산 방식을 의미한다. 일반적으로 한 번 국외로 나갔던 물품이 다시 국내에 들어오면 수입물품으로 취급되어 원산지 판정에 필요한 국내 부가가치 기준(일반적으로 40%) 계산에서 제외되지만, OPZ 규정에서는 다시 수입된 물품의 초기 국내 창출 부가가치를 그대로 인정해 주어 원산지 판정에 매우 유리하다.

상기 9건의 FTA에서 개성공단 제품이 남한산과 동일한 특혜관세를 부여 받을 수 있도록 구체적인 제도적 틀이 마련되어 있는데, 한미 FTA의 경우 '한반도 역외 가공 지역 위원회'(Committee on Outward Processing Zones on the Korean Peninsula)에서 일정 기준 아래 역외 가공 지역(OPZ)을 지정할 수 있다(한미 FTA 부속서 22-B). 이러한 기준은 ①한반도 비핵화 진전, ②역외 가공 지역이 남북관계에 미치는 영향, ③역외 가공 지역 내 일반적인 환경 기준, 근로 기준 및 관행, 임금, 경영 및 관리 관행 등이 해당된다.[8] 따라서 역외 가공 지역 내에서 생산된 제품은 남한산과 동일한 특혜관세를 부여 받을 수 있으며, 개성공단 외 다른 북한 지역에도 역외 가공 지역 선정이 가능하다.

8_상기 기준 중 '한반도 비핵화 진전'이 포함되어 있어, 북한의 핵무기 포기 없이는 실질적으로 동 규정의 적용이 어려운 실정이다. 다만, 본 연구가 남북한의 점진적인 경제통합을 연구하는 것이어서 정치적으로 한반도 비핵화문제가 진전이 있을 것으로 가정하고 경제통합이 논의된다.

3) 활용 방안

남한의 FTA 네트워크를 적절히 활용하여 북한 지역 내 개성공단과 같은 '중앙급' 경제특구(FTA 규정상 역외 가공 지역), '지방급' 경제개발구, 그리고 향후 남북한 경제통합 과정에서 설립될 경제특구의 수출을 보다 촉진하기 위해 다양한 지원 정책이 마련되어야 할 것이다. 토지 이용권의 경우 북한 당국(개성공단의 경우 중앙특구개발지도총국)과 개발업자 간 임대차 계약을 체결하고 토지 사용료를 납부하여야 하나,[9] 현재 개성공단의 경우 임대차 계약 10년 이후부터 부과하기로 합의되어 있어 이를 준용하여 경제특구 개발을 지원하여야 할 것이다. 북한 경제특구에 대한 세금은 기업소득세, 개인소득세, 재산세, 상속세, 거래세, 영업세, 지방세 등으로 분류될 수 있으나, 개성공단의 규정을 준용하여 다양한 세제상의 지원 정책을 마련하여야 할 것이다. 또한 '북한 경제특구 지원에 관한 법률'을 제정하여 보증 지원 제도, 경제통합 관련 보험, 투자 세액 공제 등 다양한 지원 정책을 마련하여야 한다. 다만, 수출과 직접적으로 연계된 지원 제도는 WTO 규정상 불법 보조금이므로 지원 제도 마련 시 유의하여야 한다.[10]

현재 남한이 협상 중인 FTA나 계획 중인 FTA 협상에서도 상기 제도를 적극적으로 추진하여 향후 남북한 경제통합에 도움이 될 수 있는 제도적 기틀을 마련하여야 할 것이다. 특히 전홍택·이영섭(2012)의 연구에서 나타

9_개성공업지구지원재단(http://www.kidmac.com/)에 따르면, 토지 사용료는 계약 10년 후부터 부과되나 토지 분양가(45,000원/m2, 149,000원/평)는 지불하여야 한다.

10_WTO 보조금 및 상계조치에 관한 협정(Agreement on Subsidies and Countervailing Measures) 제3조는 수출보조금을 불법보조금으로 규정하고 있다.

난 바와 같이 중국, 일본, 러시아 등 한반도와 국경을 공유하는 국가 또는 과거 북한과의 교역 실적이 많았던 국가와의 FTA 협상에서는 역외 가공지역의 설정을 적극적으로 추진하여야 한다.

4. 동북아시아 경제통합에서의 통일 한국의 역할

1) 배경 및 필요성

1997년 아시아 금융 위기 이후 지속되어 온 동북아시아 경제통합 논의는 무역 및 금융 부문의 통합 외에도 에너지, 운송·물류, 환경 등 다양한 분야로 확대되어 왔다. 아시아 금융 위기 이후 동북아시아 지역의 경제 협력 및 통합 필요성을 절감한 역내 국가들은 금융 부문뿐만 아니라 다양한 형태의 지역 무역협정을 논의하기 시작하였고, 이후 천연가스, 전력계통망, 원유 공급 등 에너지 분야와 해상운송, 항공운송, 철도 및 복합운송 시스템을 포함하는 운송·물류 분야로 논의의 범위가 점차 확대되었다.

그러나 이와 같이 보다 활성화된 동북아 경제통합 논의에서 한반도를 둘러 싼 안보 이슈로 인해 북한은 철저히 배제되어 왔기 때문에, 남북한 경제통합이 동북아 경제통합에 미치는 영향을 살펴보는 것은 매우 의미 있는 연구이다. 이에 따라 본 소절은 남북한 경제통합이 에너지, 운송·물류 경제통합, 동북아 지역 생산 네트워크(regional production network), 동북아 제도적 경제통합 등에 미치는 영향을 살펴보고자 한다.

제도적 경제통합(Institutional Economic Integration)은 동북아 지역에서 논의되고 있는 다양한 지역 무역협정을 의미하는데, 동북아 지역은 이러한 제도적 경제통합 없이도 긴밀한 지역 생산 네트워크를 형성하고 있다. 동북아 지역의 생산 네트워크는 시장 주도형 경제통합(Market-Driven Economic Integration)으로 한국, 일본, 대만 등에서 생산된 핵심 부품을 중국에서 조립·생산한 후 전 세계로 수출하는 형태이다.[11] 따라서 본 소절에서는 남북한 경제통합으로 통일 한국이 상기 다양한 형태의 동북아 경제통합에서 어떠한 역할을 할 수 있을지 분석하고자 한다.

2) 에너지, 운송·물류 경제통합에서의 역할

동북아 지역의 에너지 분야는 관련국들이 상호 보완적인 관계에 있어 남북한 경제통합과 연계하여 동북아 협력을 강화할 가능성이 높은 것으로 평가된다. 이상곤(2003)에서도 나타난 바와 같이 동북아 지역에는 유일한 에너지 순 수출 지역인 러시아 극동 지역이 존재하는 반면, 한국, 일본, 중국은 에너지 해외 의존도가 높은 국가이어서 극동 러시아의 풍부한 에너지 자원을 공동 개발할 유인이 존재한다. 극동 러시아 지역의 에너지 자원을 러시아 서부 지역으로 수송하여 사용하는 것은 경제적 이익이 없기 때문에, 한국, 중국, 일본과 협력하여 개발 이용하는 것이 불가피하다. 이재영

11_이와 같은 형태의 지역생산 네트워크 는 제조업뿐만 아니라 서비스 부문을 포함한 자체 해외 외주(offshoring)로 나타나는데, Kang et al.(2010)의 연구결과 이러한 자체해외외주는 생산성 향상에 긍정적인 효과를 나타낸 것으로 나타났다.

외(2006, 170)에 따르면, 동시베리아 및 극동 지역의 석유 부존량은 러시아 전체의 37%에 이를 것으로 추정되며, 천연가스는 러시아 전체의 확인 매장량(전 세계 매장량의 약 30%) 중 12%, 추정 매장량 기준으로는 40% 정도가 극동·동시베리아 지역에 부존되어 있는 것으로 알려졌다. 그러나 이러한 경제적 잠재 이익에도 불구하고 다양한 장애 요인이 존재하나,[12] 그 중 가장 중요한 요인이 에너지 네트워크(예를 들면 천연가스 파이프라인)를 건설하려면 물리적으로 북한을 경유하여야 한다는 점이다.

이러한 관점에서 남북한 경제통합이 달성될 경우 북한을 경유한 에너지 네트워크가 물리적으로 형성될 수 있어 남한과 일본으로 해당 에너지가 공급될 것이다. 한반도 안보 위기 상황에서는 북한 지역에 파이프라인을 건설하는 것이 물리적으로 불가능할 뿐만 아니라, 건설되었더라도 북한 지역 내 파이프라인 통과료 산정에서 정치적 어려움을 겪을 가능성이 높다. 그러나 남북한 경제통합 및 통일 한국 상황에서는 이러한 안보 위험이 감소하기 때문에 관련 투자 및 운영이 한층 원활히 진행될 것이다. 다만, 남북한 경제통합 초기 단계에서는 북한 지역의 경제 발전 수준 및 에너지 인프라 현황을 고려할 때 천연가스를 본격적으로 소비하기에는 다소 이를 것으로 평가된다. 따라서 북한 지역 내 천연가스 소비 활성화는 보다 장기적인 관점에서 진행되어야 할 것이며, 초기 단계에서는 이상곤(2003)에서 지적된 바와 같이 북한 지역 내 파이프라인 건설을 위한 자본 투자 시 투자 보장과 투자 활성화를 위한 제도적 기반을 마련하는 것이 중요하다.

12_이상곤(2003)에서는 정치적 및 경제적 불안정성, 외교적 갈등, 다자 간 에너지 협력을 주도할 수 있는 리더십의 부족, 군사적 대치, 역내 재원 조달 능력의 부족 등을 장애 요인으로 거론하고 있다.

운송 및 물류 분야에서도 통일 한국이 동북아 경제통합에 미치는 영향은 클 것으로 전망되며, 특히 남북 분단으로 해운 및 항공 중심의 남한 수출입 물류 체계는 남북한 경제통합으로 인해 '육상 중심의 물류 시스템 확보'라는 새로운 이정표를 맞이하게 될 것이다. 지리적으로 유라시아 대륙의 동쪽 끝 부분을 차지하고 있는 극동·동시베리아 지역과 중국의 육상 운송·물류 네트워크를 한반도의 육상 운송·물류 네트워크와 연계할 경우 동북아 지역의 '대륙 네트워크'와 일본의 '해양 네트워크'가 연결됨을 의미한다. 남북한 경제통합이 완성될 경우 한반도 종단 철도(TKR)의 구축이 실현될 것이므로 통일 한국의 운송·물류 체계는 극동·동시베리아, 중국 지역의 운송·물류 체계와 더욱 긴밀히 연결될 것이다. 극동·동시베리아 지역의 시베리아 횡단 철도(TSR), 바이칼-아무르 철도(BAM) 등의 대륙 횡단 철도 노선[13]과 중국 대륙을 관통하는 중국의 육상 운송·물류 체계 등이 통일 한국의 한반도 종단 철도와 연결될 것이다. 또한 일본의 육상 운송·물류 체계와 연계하기 위해 부산과 일본의 규슈 지역을 연결하는 '대한해협 해저터널'이 건설될 경우 동북아 지역의 운송·물류 체계는 일체형으로 거듭날 수 있을 것이다. 또한 이러한 육상 운송·물류 체계는 도로, 전력선, 광케이블, 송유관 등 다양한 형태의 수송으로 확장될 수 있고, 이를 복합적으로 활용할 경우 남북한 경제통합 및 통일이 동북아 경제통합을 보다 강화시킬 것으로 전망된다.

13_보다 구체적인 극동·동시베리아 지역의 철도 현황 및 건설계획은 이재영 외(2006) 참조.

3) 동북아 지역 생산 네트워크에서의 역할

앞서 지적한 바와 같이 동북아 지역의 생산 네트워크는 유럽 및 북미 지역 못지않게 발달한 상황인바, 남북한 경제통합이 실현될 경우 동 지역의 생산 네트워크에 다양한 영향을 미칠 것으로 평가된다. 유럽, 북미와는 달리 동북아 지역은 FTA, 관세동맹과 같은 지역 무역협정 없이 시장 주도형 경제통합이 심화되고 있는바,[14] 특히 전기전자 산업의 경우 한국과 일본의 핵심 부품을 이용하여 중국에서 완제품을 생산하는 '세계의 공장'(factory of the world) 역할을 수행하고 있다.[15]

그러나 남북한 경제통합이 실현될 경우 특히 노동집약적인 산업의 경우 중국에서 북한으로의 무역 전환 효과(trade diversion effect)가 발생할 가능성이 크다. 개성공단의 법정 최저임금은 2014년 3월 현재 67.005달러[16]로 중국, 베트남보다도 낮은 수준이고, 법인세 역시 개성공단의 경우 10~14%로 남한(13~25%), 중국(15%), 베트남(10~15%)보다 낮아, 남북한 경제통합이 실현될 경우 노동집약적 산업, 단순 조립 제조업 등의 경우 북한으로의 무역 전환 효과가 발생할 가능성이 높다. 단기적으로는 남한에서 중국으로 진출한 기업이 북한으로 생산기지를 옮길 가능성이 매우 높으며, 장기적으로도 북한의 낮은 노동비용을 활용하려는 외국인 직접투자(FDI)가 증가할 것으로 전망된다. 특히 앞서 논의한 경제특구를 북한의 환경에

14_박순찬(2012)의 연구에 따르면, 동아시아 지역에서 지역 무역협정이 체결될 경우 이 지역의 생산 네트워크 가 더욱 심화될 것으로 전망되었다.

15_보다 구체적인 내용과 동아시아 지역에서의 글로벌 가치사슬(global value chains) 친화적인 지역 무역협정을 어떻게 디자인 하는지에 대해서는 Miroudot (2013) 참조.

16_개성공업지구지원재단(http://www.kidmac.com/) 참조.

맞추어 특정 산업에 특화된 형태로 발전시킬 경우 동북아 경제통합의 세부적인 형태가 변화할 것으로 평가된다. 다만, 개성공단에서 나타난 바와 같이 북한 근로자의 생산성이 업종에 따라 다소 차이가 있으나 현지 기업 관계자들은 대체로 남한의 70~80% 수준이라고 인식[17]하는 바와 같이 생산성을 높이는 각종 지원 대책이 수립되어야 할 것이다.

4) 동북아 제도적 경제통합에서의 역할

〈표 6-7〉에 나타난 바와 같이 동북아 지역에서는 다양한 형태의 지역무역협정을 포함한 제도적 경제통합이 논의되고 있는바, 남북한 경제통합이 실현될 경우 동북아의 제도적 경제통합이 보다 가속화되고 확대될 것으로 전망된다. 앞서 살펴본 바와 같이 중국은 이미 홍콩, 마카오, 대만과 FTA 및 경제통합협정 등을 이미 체결하여 발효 중이며, 한국은 일본 및 중국과 양자 간 협의를 진행하고 있다. 또한 한-중-일 3국의 한-중-일 FTA, ASEAN 10개국과 한국, 중국, 일본, 인도, 호주, 뉴질랜드 등 16개국을 포함하는 역내 포괄적 경제 동반자 협정(Regional Comprehensive Economic Partnership Agreement, RCEP) 등의 논의 역시 진행 중이다.

남북한 경제통합이 동북아의 제도적 경제통합에 미치는 영향은 크게 역내 요인과 역외 요인으로 나누어 분석할 수 있다. 역내 요인으로 남북한

17_개성공업지구지원재단(http://www.kidmac.com/) 참조. 그러나 동 자료에 의하면, 개성공단의 경우 남한과 동일한 언어를 사용하고 있기 때문에 중국의 경우 평균 6개월 이상 소요되는 기술 교육이 개성공단에서는 1~3개월 정도에 가능한 것으로 분석되고 있다.

표 6-7 | 동북아시아의 지역 무역협정 논의(2014년 2월 현재)

참여국가	형태	현재 논의상태
한국-일본	FTA	· 2003.10.20: 양국 정상, 정부 간 공식 협상 개시 합의 · 2004.11.1~3: 제6차 협상 이후 협상 결렬 · 2008.6.25~2009.12.21: 협상 재개 검토 및 환경 조성을 위한 실무 협의 4차례 개최 · 2010.9.16~2012.6.25: 국장급(2차례), 과장급(3차례) 실무 협의 개최
한국-중국	FTA	· 2007.3.22~2010.5.28: 산 관 학 공동 연구 5차례 회의, 산 관 학 공동 연구 종료 관련 양해각서 서명 · 2012.5.14 이후: 공식 협상 9차례 개최
중국-홍콩	FTA, EIA	· 2003.6.29: 서명 및 발효
중국-마카오	FTA, EIA	· 2003.10.17: 서명 및 발효
중국-대만	중간 협정	· 2010.6.29: ECFA 서명 · 2010.9.12: ECFA협정 발효
한-중-일	FTA	· 2010.5.6~2011.12.16: 산 관 학 공동 연구 7차례 개최, 공동 연구 종료 · 2013.3.26 이후 공식 협상 3차례 개최
RCEP (한, 중, 일, ASEAN, 인도, 호주, 뉴질랜드)	FTA	· 2011.11.18: ASEAN 정상회의에서 기본 골격 채택 · 2012.6.26~10.12: 상품, 서비스, 투자 관련 작업반 회의 · 2012.11.20: 협상 개시 선언 · 2013.5.9 이후: 공식 협상 3차례 개최

주: 동북아시아는 한국, 중국, 일본을 중심으로 북한, 러시아 극동지역, 홍콩, 마카오, 대만, 몽골까지 포함하는 지역으로 정의함. EIA는 경제통합협정(Economic Integration Agreement), RCEP는 역내 포괄적 경제동반자 협정(Regional Comprehensive Economic Partnership Agreement)을 각각 의미하며, 본 표에서의 '형태'는 WTO에 통보된 지역 무역협정의 형태를 의미함.

자료: WTO RTA Database(http://rtais.wto.org/), 산업부(http://www.fta.go.kr/)를 참고하여 저자 작성.

경제통합으로 동 지역의 안보 리스크가 감소하여 동 지역의 안보 문제를 해결할 수 있으며, 이러한 평화를 바탕으로 보다 경제적인 이익에 집중할 수 있어 역내 경제적 공동 이익을 보다 증진시키기 위해 동북아 제도적 경제통합에 적극적으로 참여할 유인이 증가한다. 또한 역외 요인으로서 남북한 경제통합을 바탕으로 한 동북아 경제통합의 가속화는 동북아 지역의 경제통합을 견제하기 위해 여타 지역의 경제통합을 야기하는 동기가 될 것이며 이는 다시 경제통합의 경쟁을 격화시켜 동북아 지역의 경제통합을 보다 심화·확대하는 데 기여할 것이다.

또한 중국과 일본의 라이벌 구도를 고려할 때 동북아 경제통합에서 통일 한국은 양국을 아우르는 가교 역할(bridging role)을 할 수 있을 것으로 기대되며, 동북아 경제통합을 이끌 사무국 역할 역시 수행할 수 있는 기반이 마련될 것으로 보인다.

7장

결론

1. 본 연구의 주요 결과

본 연구에서는 북한 경제가 개혁·개방 정책을 단행하고 남북한 경제가 점진적인 방법으로 통합한다는 가정 아래, 경제성장 모형을 이용하여 경제통합의 혜택을 추정하였고, 그에 따른 정상적인 남북한 무역 규모를 추정하였다. 또한 본 연구는 남북한 경제의 '완전한 통합' 이전 과도기적인 형태로 남북한 '포괄적 경제통합협정'을 제안하였으며, 경제통합을 위한 제도적 기반을 제시하였다.

본 연구에서 채택한 남북한 경제통합 가상 시나리오는 ①남한과 북한이 점진적으로 대립을 해소하고 경제협력을 통해 통일을 구체적으로 추진하며, ②북한은 점진적인 경제 개혁과 개방을 하고 이 과정에서 남북한 간의 경제협력이 이루어지고 대북 무역과 투자가 증가한다는 것이다. 이러한 가상 시나리오를 구체화하여 '통합 이후 국방비 및 국방 인력 감축'(B1), '통합 이후 남북 협력 사업 확대를 통한 북한 노동자들의 고용 증가와 북한으로의 투자'(B2), '남북한 간의 무역의 증대'(B3), '위의 세 가지 모두가 일어나는 경우'(B123)로 나누고 경제성장 모형을 이용해 남북한 경제통합의 혜택을 분석하였다.

추정 결과 경제통합을 통해 남북한의 경제성장률과 경제 규모는 크게 증가할 것으로 나타났는데, 남북한이 경제통합을 해나간다면 통합된 한반도(B123의 시나리오)의 2050년의 GDP는 일본, 러시아, 영국 등을 추월하여 중국, 인도, 미국, 인도네시아, 브라질, 멕시코 다음으로 큰 나라가 되며 'G7' 국가로 발돋움할 가능성이 있다.

남한과 북한의 경제통합으로 인한 혜택은 '통일 비용'을 초과할 것으로 예상되는바, 경제통합 B123 시나리오에서 한반도 전체의 혜택은 2050년까지 4,910조 원에 달하였으며 이는 2035년 통일이 일어나면 남북한 간에 1인당 소득의 격차를 줄이기 위해 남한이 북한에 점진적으로 일정한 금액을 이전 지출하는 경우에 발생할 '통일 비용'을 초과할 것으로 추계되었다.

무역의 중력 모형을 이용하여 남북한 경제통합을 통한 무역량 변화를 추정한 결과, 남북한 교역의 확대 폭이 상당히 클 것이며 특히 이런 무역 확대는 북한의 남한에 대한 의존도를 높일 것으로 예상되었다. 남북한 경제통합 시 무역 확대로 인한 이익은 북한 측에 훨씬 크게 나타날 것으로 예상되며 경제 통합 시나리오(B)에 따른 무역량을 추정해 보면 2030년 기준 남북한 무역은 약 360억 달러로 북한의 예상 GDP의 40%를 넘을 것으로 추정되고, 남한 예상 GDP의 2% 수준이 될 것으로 추정된다. 이는 경제통합으로 인한 남북한 무역 재개가 북한 경제 발전의 동력이 될 것을 시사한다.

남북한의 무역의 확대 요인 및 무역 증가의 패턴을 예상해 보면, 북한이 상대적으로 자본에 비해 노동이 풍부한 점과 북한의 주력 산업이 1차 및 2차 산업인 점을 고려할 때 북한의 개방 시 남한과의 보완적인 산업 간 무역이 가능할 것이다. 또한 남북한 간의 인접한 지리적 조건과 공통 언어 사용, 그리고 역사적인 유대 관계는 북한의 개방과 경제 발전에 따라 남북한 간 산업 내 무역을 확대하는 데에도 큰 기여를 할 것이다. 또한, 남북한 경제통합을 통해 북한의 대 남한 무역이 늘어날 뿐만 아니라, 북한이 국제사회로부터 받아 오던 무역 제재(Sanction)로부터 벗어나고 북한의 다자 무역이 촉진될 것이다.

남한이 누릴 수 있는 전쟁 방지의 경제적 혜택은 앞서 살펴본 무역의 증가 외에도 전쟁 발생의 불확실성 해소로 인하여 남한의 실물시장 및 금융시장에서 나타날 수 있는 유·무형의 여러 가지 혜택을 생각할 수 있다. 남북한 통합 시나리오(B)를 기준으로 북한의 개방 이후에도 전쟁 및 국지도발이 약 50%의 확률로 상존할 경우 남북한의 무역량은 평화 시보다 약 21% 감소하는 것으로 추정되었다. 남북한의 전쟁 위험 해소는 국가 신용등급 상승으로 이어져 남한의 외채 상환 이자 부담을 경감시킬 것이고 2015년부터 2050년까지 전쟁 위험 해소 인한 이자 부담 경감 편익은 약 274억 달러에 이르는 것으로 추정된다.

통일에 대한 설문조사 결과를 종합하면, 청년 세대는 통일의 당위성 및 필요성에 대해 충분히 인식하고 있으나 통일 후 닥쳐 올 빈부 격차의 심화, 실업 문제 등 사회 문제에 대해 부정적 예측이 만연한 것으로 나타났다. 통일 한국에서는 병역 제도의 변화에 따라, 직업 선택의 자유 보장, 군 병력 인사 체계의 효율성 제고, 부사관 및 병의 전문성 강화 등이 기대되며, 개인적인 측면에서도 군 복무로 인한 각종 기회비용을 고려하여 군 복무 여부가 개인의 선택에 따라 결정되어 보다 장기적인 관점에서 자기 계발에 집중할 수 있다.

남북한의 경제통합이 점진적으로 진행될 경우 남북한 간 경제적 격차를 줄이기 위해 다양한 형태의 북한 경제개발 사업이 정부 및 민간 차원에서 진행되고 통일 한국의 내수시장이 확대될 가능성이 높아, 이로 인해 새로운 일자리가 창출될 것이며 다양한 분야에서의 창업 기회가 확대될 것으로 전망된다.

남북한의 통일로 인해 통일 한국의 국가 브랜드가 제고될 것으로 전망되어 이에 따른 국가 전체뿐만 아니라 개인적인 편익까지 발생할 가능성이 높은 것으로 평가된다. 남북한 경제가 통합되고 국방비 감축, 남북 협력 사업의 확대, 남북한 교역의 확대로 이어질 경우 통일 한국의 GDP 규모는 'G7' 국가로 발돋움할 뿐만 아니라 국가 브랜드 역시 제고되어 경제적·외교적 영향력이 지금보다 커질 것으로 전망된다.

통일 한국의 실현은 동아시아 최대의 안보 불안 요소인 북핵 위협이 성공적으로 제거됨을 뜻하기 때문에 이로 인해 가장 우선되는 편익은 한반도에서의 안보 위협의 완화와 그에 따른 유·무형의 분단체제 유지비용의 소멸인데, 이와 같이 절감된 예산은 복지 및 교육 등의 예산으로 전용되어 통일 한국의 미래에 대한 장기적 투자로 사용될 수 있다.

남북한 '완전 경제통합'을 궁극적으로 실현하기 위해서는 급격한 통합으로 야기될 수 있는 경제·사회·문화적 충격을 줄이기 위해 중·단기적으로 '포괄적 경제통합협정'(CEIA)을 지향하는 것이 바람직한 것으로 나타났다. 초기 통합 단계의 내용 상품 무역, 투자 부문의 자유화 및 통합에 초점을 두고, 통합 가속 단계에서는 서비스 무역의 자유화, 경제특구 중심의 노동 이동 허용 등 경제통합 부문을 더욱 확대하며, 완전 통합 준비 단계에서는 '완전한 경제통합'을 위한 제도적 장치를 마련하는 기간이다.

또한 북한이 세계무역기구(WTO)의 회원국이 아닌 이상, 북한 경제특구에서 생산된 제품이 다른 국가로 수출되기 위해서는 남한의 FTA 네트워크를 적극적으로 활용할 필요가 있다. 그리고 동북아 지역의 에너지, 운송 및 물류, 생산 네트워크 , 제도적 경제통합 분야에서 통일 한국은 보다 주도적인 역할을 수행할 것으로 기대되며 동 지역의 경제 번영에 기여할 것으로 전망된다.

2. 본 연구의 의미 및 향후 연구 방향

본 연구는 남북한 경제통합의 혜택을 경제성장 모형을 통해 추정하였다는 측면에서 기존 연구와 차별되며, 남북한 경제통합에 따른 상호 무역량의 추정, 남북한 경제통합을 위한 제도적 기반 마련 등으로 남북한 경제통합 연구에 학술적·정책적 기여가 있는 것으로 평가된다. 또한, 통일을 위한 남북한의 10년간 경제적 통합과 통일 이후의 한반도 경제를 예측할 수 있는 분석 결과를 제시하였다는 점에서 의의가 있다.

앞서 지적한 바와 같이 통일의 비용에 주로 초점을 두어 온 기존의 연구와는 달리 본 연구는 남북한 경제통합의 혜택에 연구 초점을 두고 이를 경제성장 모형을 통해 추정하였다. 통합 혜택의 분석을 통합 이후 국방비 및 국방 인력 감축, 남북 협력 사업 확대를 통한 북한 노동자들의 고용 증가와 북한으로의 투자, 두 국가 간의 무역의 증대 등으로 나누어 남한, 북한, 한반도 전체로 각각의 추정치를 제시하였다. 이렇게 여러 가지 시나리오를 통해 경제 전반에 관한 거시적 변수들을 통합적으로 고려하고 있기 때문에, 본 연구는 실제 남북 경제통합 및 통일의 정책을 수립하는 과정에 있어 좋은 지표가 될 것이다.

그러나 분석의 한계로 통일 이후 이산가족의 상봉과 같은 사회·문화적 편익에 대한 구체적인 효과를 모형에 포함하지 못하였다. 따라서 실제 통일로 국민들이 누리게 될 혜택은 분석한 수준보다 더욱 높을 것으로 예상되며 아울러 이런 한계는 기존의 많은 통일 연구가 당면한 현실적인 제약으로, 실제로 통일을 위한 경제적 통합을 이루어 나가면서 논의를 발전시켜 나가야 할 부분이다.

또한 본 연구는 무역의 중력 모형을 이용하여 남북한 경제통합에 따른 남북한 무역량을 추정하였고, 한반도 평화 및 전쟁 방지의 경제적 혜택 역시 추정하였다. 또한 남북한 경제통합의 제도적 기반을 마련하기 위해 상품 및 서비스 무역, 노동, 투자, 화폐 및 금융 측면에서 구체적인 정책 방안을 제시하였고, 다양한 분야에서 진행 중인 동북아 경제통합에서 통일 한국이 수행하게 될 역할을 논의하였다.

이와 같은 본 연구의 학술적·정책적 기여에도 불구하고, 남북한 경제통합의 다양한 혜택 및 비용 관련 연구가 정치·경제·사회 등 보다 다양한 측면에서 심도 있게 진행되어야 하며, 제도적 기반 역시 분야별로 이를 구체화하는 연구가 진행되어야 할 것이다. 북한의 점진적인 개혁, 개방을 전제로 하여 경제통합의 혜택을 추정하였으나 실제 남북한 간에 발생할 수 있는 다양한 통합, 통일의 과정을 모두 다루기는 어려운 한계가 있다. 통합(통일)의 혜택 및 비용에 대해 정치·경제·사회 등 다양한 측면에서 보다 미시적인 분석이 향후 진행되어야 할 것으로 평가되며, 분야별 제도적 기반 역시 본 연구에서 제시된 거시적 정책 방향을 보다 구체화하는 연구가 진행되어야 할 것이다.

참고문헌

| 국내 자료 |

고일동. 2012. “통일의 비용과 편익.” KDI 북한경제리뷰 14. 11(2012): 3-10.

김규륜·임강택·조한범·황병덕·김형기. 2012. “통일 비용·편익의 분석모형 구축.” 통일연구원 기타간행물. 1-284.

김두얼. 2013. “남북통합의 경제적 기초: 이론, 이슈, 정책” 정책연구시리즈 2013. 09. KDI 제3장 북한경제 발전전략. 93-135.

김영하. 2010. 『새터민을 통해 본 남북한 사회 그리고 통일』. 대구: 경북대학교 출판부.

박세일. 2013. “선진통일전략: 21세기 한반도의 꿈.” BOOK21 PUBLISHING GROUP.

박순찬. 2012. “지역생산망 접근을 통한 동아시아 경제통합.” 전홍택·박명호 편. 『동아시아 통합전략(III): 협력의 심화·확대와 새로운 도전』. pp. 53-78. 서울: 한국개발연구원.

박종철·고봉준·김성진·박영준·신상진·이승주·황기식. 2012. 『통일한국에 대한 국제적 우려 해소와 편익: 지역 및 주변국 차원』. 서울: 통일연구원.

안두순. 2011. “독일 통일과 경제통합 과정에 대한 평가.” 『한독경상논총』 제29권 3호, 제56집. pp. 1-26.

양평섭·이승신·문익준·노수연·정지현·여지나. 2012. 『중국·대만·홍콩의 경제통합과 정책적 시사점』. 서울: 대외경제정책연구원.

이근영. 2006, “북한 핵관련 뉴스가 국내주식 및 외환시장에 미치는 영향.” 동북아 경제연구 18(1).

이명활. 2012, “최근 북한관련 리스크의 영향 및 시사점.” 한국금융연구원 주간금융브리프 21(3).

이상곤. 2003. “부문별 경제협력: 에너지.” 안충영·이창재 편. 『동북아 경제협력: 통합의 첫걸음』. pp. 78-105. 서울: 박영사.

이상만. 1991. “남북한 경제통합의 경제적 영향과 통일 비용의 재원조달방안.” 『남북한 경제관계발전을 위한 부문별 과제연구』. 한국개발연구원.

이상목. 2002. “병역제도의 운용실태와 사회적 비용: 쟁점과 개선방안.” 『국방연구』 제45권 제2호. pp. 181-200.

이석. 2013. “남북통합의 경제적 기초: 이론, 이슈, 정책.” 정책연구시리즈 2013-09. KDI.

이영섭·전홍택. 2012. “북한특구의 화폐·금융 제도 운영방안.” 전홍택 편. 『남북한 경제통합 연구: 북한경제의 한시적 분리 운영방안』. pp. 230-280. 서울: 한국개발연구원.

이재영·이철원·신현준·V. Kalashnikov. 『러시아의 동부지역 개발전략과 한국의 참여 확대방

안: 에너지 부문을 중심으로』. 서울: 대외경제정책연구원.
이종화. 2000. "개혁 시나리오하의 북한 경제의 성장 잠재력 분석." 윤창호 외 7인 공저. 『전환기의 북한경제』. 고려대학교 출판부.
이태욱·안석교·백종천·전성우. 2000. 『독일통일: 경제, 군사, 교육 통합』. 대한발전전략연구원.
이효원. 2012. "통일 비용과 남북협력기금법." 제2회 아시아법제포럼 남북법제분과 발표문. 법제처 남북법제분과 자료집.
임수호. 2007. "남북한 경제협력강화약정(CEPA)의 의의와 가능성." 삼성경제연구소. Issue Paper.
전홍택. 2012. "남북한 경제통합 시 북한경제의 한시적 분리 시나리오." 전홍택 편. 『남북한 경제통합 연구: 북한경제의 한시적 분리 운영방안』. pp. 33-58. 서울: 한국개발연구원.
전홍택·이영섭. 2012. "동북아 경제협력과 남북한 경협의 연계." 전홍택·박명호 편. 『동아시아 통합전략(III): 협력의 심화·확대와 새로운 도전』. pp. 206-281. 서울: 한국개발연구원.
정은미·송영훈. 2012. "북한 주민의 통일의식과 남한사회의 수용성." 『통일문제연구』 57호.
조동호. 2012. "북한특구의 노동시장 운영방안." 전홍택 편. 『남북한 경제통합 연구: 북한경제의 한시적 분리 운영방안』. pp. 59-110. 서울: 한국개발연구원.
조동호. 1997. "통일에 따른 경제적 편익." 전홍택·이영선 편. 『한반도 통일시의 경제통합전략』. 한국개발연구원.
최기춘. 2004. "경제통합의 유형과 남북한 경제통합의 과제." 신동천 편. 『남북경제통합과 동북아협력』. pp. 11-38. 서울: 연세대학교 통일연구원.
편주현·허인. 2013. "북한 핵리스크가 우리 금융시장에 미친 영향." mimeo.
한국재정학회·성균관대 산학협력단·코리아 데이터 네트워크. 2011. 『통일재원 마련방안 연구』. 통일부 정책연구용역 결과보고서.
한운석. 2009. "독일 통일 20년의 성과와 한계." 『역사와 담론』 제54집. pp. 235-272.
홍순직 외. 2010. "남북통일, 편익이 비용보다 크다." 현대경제연구원 경제주평 10-42. 통권 422호.
황준성. 2007. "독일통일 15년의 사회경제적 평가와 시사점." 『한독 경상논총』 제25권 4호. pp. 71-79.

| 해외 자료 |

Anderson, James E. 1979. "A Theoretical Foundation for the Gravity Equation." American Economic Review. vol. 69(1). pp. 106-116.
Anderson, J. and E. van Wincoop. 2003. "Gravity with Gravitas: A Solution to the Border Puzzle." American Economic Review 93. 170-192.

Balassa, Bela. 1961. "The Theory of Economic Integration." London: George Allen & Unwin.

Baldwin, Richard and Charles Wyplosz. 2012. "The Economics of European Integration." 4th edition. McGrow-Hill.

Barbieri, Katherine. 2002. "The Liberal Illusion: Does Trade Promote Peace?" Ann Arbor. MI: University of Michigan Press.

Barro, Robert. 2006. "On the Welfare Costs of Consumption Uncertainty." Scholarly Articles 3224745. Harvard University Department of Economics.

Barro, R. J. and Jong-Wha Lee. 2013. "A new data set of educational attainment in the world, 1950~2010." Journal of Development Economics.

Blomberg, S. Brock and Gregory D. Hess. 2006. "How Much Does Violence Tax Trade?" The Review of Economics and Statistics. MIT Press. vol. 88(4). pages 599-612. November.

Burda, Michael C. and Jennifer Hunt. 2001. "From Reunification to Economic Integration: Productivity and the Labor Market in Eastern Germany." Brookings Papers on Economic Activity. no. 2. pp. 1-92.

Eberstadt, Nicholas and Judith Banister. 1992. "The Population of North Korea." Berkeley. Center for Korean Studies. University of California.

Egger P, and Pfaffermayr M. 2003. "The proper panel econometrics specification of the gravity equation: a three-way model with bilateral interaction effects." Empirical Economics 28(3). 571-80

Feenstra, Robert C., Robert Inklaar, and Marcel Timmer. 2011. "The Next Generation of the Penn World Table." University of California. Davis and University of Groningen, in process.

Frese, Michael, Wolfgang Kring, Andrea Soose, and Jeanette Zempel. 1996. "Personal Initiative at Work: Differences between East and West Germany." The Academy of Management. vol. 39. no. 1. pp. 37-63.

Gartzke, E. and Q. Li. 2003. "Measure for Measure: Concept Operationalization and the Trade Interdependence-Conflict Debate." Journal of Peace Research 40(5). pp. 553-571.

Glick R. and A. Taylor. 2005. "Collateral Damage: Trade Disruption and the Economic Impact of War." NBER Working Paper. no. 11565.

Hess, Gregory D. 2003. "The Economic Welfare Cost of Conflict: An Empirical Assessment." CESifo Working Paper Series 852. CESifo Group Munich.

Hsieh, Pasha L. 2011. "The China-Taiwan ECFA, Geopolitical Dimensions and WTO

Law." Journal of International Economic Law. pp. 1-36.

International Monetary Fund. 2013. World Economic Outlook Database. October.

Kang, Moonsung, Hyuk Hwang Kim, Hongshik Lee, and Joonhyung Lee. 2010. "Regional Production Networks, Service Offshoring, and Productivity in East Asia." Japan and the World Economy. pp. 206-216.

Kim, B-Y and G. Roland. 2011. "The Costs and Benefits of Korean Unification: Alternate Scenarios." Kyoto Institute of Economic Research. Discussion Paper no. 789.

Kwon, Goohoon. 2009. "A united Korea? Reassessing North Korea Risks." Global Economics Paper no. 188.

Lee, J.-W., and R. J. Barro. 2011. "East Asian Currency Union." in Costs and Benefits of Economic Integration in Asia. edited by R. Barro and J.-W. Lee. Oxford University Press.

Lee, J.-W., and J.H. Pyun. "Does Trade Integration Contribute to Peace?." forthcoming Review of Development Economics.

Li, Q and T. Vashchilko. 2010. "Dyadic military Conflict, Security Alliances and Bilateral FDI Flows." Journal of International Business Studies 41(5). pp. 765-782.

Lucas, R. E. 1987. Models of business cycles. vol. 26. Oxford: Basil Blackwell.

Martin, P., T. Mayer and M. Thoenig. 2008. "Make Trade not War?" Review of Economic Studies 75. pp. 865-900.

Mátyás, L. 1997. "Proper econometric specification of the gravity model." World Economy 20(3). pp. 432-4.

Miroudot, Sebastien. 2013. "Global Value Chains and the Network of Regional Trade Agreements in East Asia." presented in the KIEP-ECIPE-GSIS Conference on Free Trade Agreements: Revisiting the Reality of FTA Competition. Seoul National University.

Morgan, T. Clifton and Navin A. Bapat, and Valentin Krustev. 2009. "The Threat and Imposition of Sanctions 1971~2000." Conflict Management and Peace Science 26(1). pp. 92-110.

Murdoch, James and Todd Sandler. 2002. "Economic growth, civil wars, and spatial spillovers." Journal of Conflict Resolution 46(1). pp 91–110.

Noland, Marcus, Sherman Robinson, and Monica Scatasta. 1997. "Modeling economic reform in North Korea." Journal of Asian Economics 8(1). pp. 15-38.

OECD (2013). "OECD Economic Outlook no. 93." http://stats.oecd.org

Oneal J. and B. Russett. 1999. "Assessing the Liberal Peace with Alternative Specifications: Trade Still Reduces Conflict." Journal of Peace Research 36(4). Special Issue on Trade and Conflict. pp. 423-442.

Olk, Thomas. 1995. "Sozialpädagogik in den neuen Bundesländern - Hilfen für 'Randgruppen' und 'Auβenseiter'?" Transformations probleme in Ostdeutschland. pp. 89-116.

Rogoff, K. 1996. "The Purchasing Power Parity Puzzle." Journal of Economic Literature 34(2). pp. 647-68.

Rose, Andrew K. 2004. "Do We Really Know That The WTO Increases Trade?" American Economic Review 94(1). pp. 98-114

Silva, Santos and S. Tenreyro. 2006. "The Log of Gravity." Review of Economics and Statistics. vol. 88(4). pp. 641-658.

Sohn, Chan-Hyun, and Jinna Yoon. 2001. "Does the Gravity Model Fit Korea's Trade Patterns? Implications for Korea's FTA Policy and North-South Korean Trade." KIEP Working Paper 01-01.

WTO. 2010. Trade Policy Review Report by Separate Customs Territory of Taiwan, Penghu, Kinmen and Matsu. WT/TPR/G/232. Geneva: World Trade Organization.

The Benefits of South-North Korean Economic Integration and the Role of the Unified Korean Peninsula

Kang, Moonsung / Lee, Jong-Wha / Pyun, Ju Hyun

This study investigates the net benefits of economic integration between North and South Korea. We provide the estimated money value of benefits and costs of the integration using a neoclassical growth model, based on several hypothetical scenarios. The assumption of the scenarios is a gradual integration of the Korean peninsula followed by North Korea's adoption of economic reforms and opening policy. Moreover, bilateral trade volumes between two Koreas and multilateral ones of North Korea are predicted based on the scenarios. Lastly, this study offers an institutional framework, 'Comprehensive Economic Integration Agreement'(CEIA) as the intermediate step for the complete economic integration.

The hypothetical scenarios of the economic integration of the Korean peninsula in this study are constructed based on the assumption that North Korea will reform its economy, allowing two Koreas for a close cooperation. The integration will result in positive outcomes such as an increase in trade and investment between them, conflict resolution and the pursuit of reunification at last. More specifically, four hypothetical scenarios to estimate the net benefits of the economic integration are suggested: i) downsizing the defense spending and military personnel (B1); ii) expanding North-South economic cooperation projects such as Kaesung industrial complex (B2); iii) increasing the bilateral trade between two Koreas (B3); and iv) a concurrence of the three events above (B123). These scenarios cover various possible situations that can occur during the integration and provide a basis for an in-depth analysis of the benefits and costs of the integration.

The estimated results of the inter-Korean economic integration show a significant increase in total GDP in both Koreas through the integration. The benefit of the integration is expected to surpass the cost of reunification: the money value of the benefit for the united Korea reaches 4,910 trillion won by 2050 in the case of the scenario, B123. This cumulative benefit is greater than the cumulative reunification cost that is necessarily required for a gradual reduction in the gap in per capital income between North and South Korea, based on the assumption that reunification will occur in 2035.

Using a gravity model, changes in trade flows are estimated with the scenarios of the economic integration of two Koreas. Two Koreas will experience a considerable increase in the bilateral trading volume, but in an asymmetrical way where the North Korean economy will become much more dependent on South Korea. According to the scenario B, the bilateral trade between two Koreas in 2030 is estimated to be about US$ 36 billion, about 40% of the expected GDP of the North and about 2% of that of the South in 2030, respectively. In addition, through the integration, North Korea will gain opportunities to promote the multilateral trade due to the withdrawal of international community's economic sanctions against North Korea. Hence, the economic integration of the Korean peninsula will augment the trading volume, contributing to the development of the North Korean economy.

The trade pattern between two Koreas after the integration is also predicted: first, complementary inter-industry trade will take place, because North Korea is relatively more abundant in labor than South Korea and its major industries, primary and secondary industries, are different from that of South Korea, tertiary industry. Furthermore, intra-industry trade will grow up in the long-run because of two Koreas' adjacent geography, common language and shared long-standing historical ties.

Resolving political tensions or conflicts in the Korean peninsula is considered as additional benefits of the economic integration. The additional benefits are a number of tangible and intangible ones such as a rise of sovereign credit rating and a decrease in uncertainties in both real and financial markets, in particular of South Korea. For instance, the bilateral trade between two Koreas decreases by 21% or more if the probability of local provocation lingers on about 50% even after the integration. The elimination of the risk of inter-Korean military disputes is estimated to lead to a rise of sovereign credit rating of South Korea, which reduces its debt interest payments and allow it to save approximately US$ 27 billion from 2015 to 2050.

The survey results on the reunification of Korea reveal that the young in South Korea is concerned about the negative consequences of the reunification such as deepening inequality and unemployment, despite their fully recognition for the rationale and the need for the reunification. However, the unified Korea will benefit young generation in various aspects. The conscription system in South Korea would be transformed into voluntarism after the reunification, enhancing the efficiency of managing troops and strengthening the expertise of military officers. The young will have an option military service by taking into account the opportunity cost of the military service, and allocate their time more efficiently to establish their long-term career plan.

Due to an expansion of the domestic market through the reunification and a launch of various development projects in the territory of the North by the government and the private sector in order to reduce the inter-Korean income gap, new jobs and business opportunities in various fields would be created. The national brand of the reunited Korea will be enhanced, benefiting itself and its citizens. This will also strengthen political and diplomatic influence over the world.

Comprehensive Economic Integration Agreement(CEIA) is suggested as the short- and medium-term plan for completing economic integration of two Koreas and for reliving any economic, social and cultural shocks that any rapid integration can potentially bring. CEIA is designed to focus on expanding merchandise trade between two Koreas at the initial stage of the integration, promoting the liberalization of trade in services and allowing labor mobility in the special economic zones for accelerating the integration, and providing institutional and legislative arrangement to complete the integration eventually. Moreover, the reunited Korea will play a leading role in enhancing cooperation in various fields, such as energy, transportation and logistics, and regional production network, and contributing to economic prosperity in the Northeast Asia.

ARI Monograph Series 16
The Benefits of South-North Korean Economic Integration and the Role of the Unified Korean Peninsula

First Published 2014
by The Asiatic Research Institute at Korea University
145 Anam-ro, Seongbuk-gu, Seoul 136-701, Korea
www.asiaticresearch.org

아연동북아총서 16
남북한 경제통합의 혜택과 한반도 통일 국가의 역할

1판1쇄 | 2014년 5월 9일

지은이 | 강문성·이종화·편주현
펴낸이 | 이종화
펴낸 곳 | 아연출판부
등록 | 2000년 5월 24일 제6-376호
주소 | 서울시 성북구 안암로 145 고려대학교 아세아문제연구소(136-701)
전화 | 02-3290-1600 팩스 | 02-923-4661
홈페이지 | www.asiaticresearch.org

값 12,000원

ISBN 978-89-90769-49-7 94300
ISBN 978-89-90769-29-9 (세트)

이 도서의 국립중앙도서관 출판시도서목록(CIP)은 e-CIP 홈페이지(http://www.nl.go.kr/ecip)에서 이용하실 수 있습니다(CIP제어번호: CIP2014013949).